はじめに

　「グローバリゼーション化」が進む現在、コミュニケーションの手段としての英語の必要性が益々高まっています。

　英語でのコミュニケーション能力の要となるのはコミュニケーション能力そのものですが、英語でコミュニケーションを円滑に行うためには、相互にからみ合う「読む」、「書く」、「聞く」、「話す」という4つの技能を総合的に身につける必要があります。そして、実践的なコミュニケーションの場面で4つの技能を正確に駆使するためには、英語文法や語彙、音声英語の基礎的な知識を欠くことはできません。

　「目で見る英語」は「意味のかたまり」を読み取り、書き取る能力が必要ですが、「耳で聞き、口で話す英語」は「音のかたまり」を聞き取り、話す能力を身に付ける必要があります。そのためには、基本的な音声変化を体系的に学ばなければなりません。

　また、コミュニケーションの手段としてのリスニングやスピーキング能力を養うためには、音声に関する基本的知識と共に、「聞こえてくる音」の連続をもとに意味を構築する、あるいは文を組み立てて発信する際の柱になる正確な語彙が必須条件です。

　本書は、中西部・北部で話されている標準的なアメリカ英語と、ロンドン及び南部で話されている標準的なイギリス英語を基準に、基礎的な音声変化に焦点を絞って、体系的に音声英語を学ぶことができるような編成になっています。また、実践的な場面でコミュニケーションの障害となるような語彙表現もとりあげています。拙著が、皆さまの実践的な英語コミュニケーション能力の向上のお手伝いが出来ますことを願っています。

平成 24 年 4 月吉日

高　谷　伴　江

目　　次

はじめに 1
目　　次 2
1．英語のリズム（Rhythm） 5
2．母音と子音（Vowels & Consonants） 6
　　母　音 8
　　(1) 単母音（Monophthong） 8
　　(2) 二重母音（Diphthongs） 15
　　子　音 19
　　(1) 破裂音（Plosives） 19
　　(2) 摩擦音（Fricatives） 23
　　(3) 破擦音（Affricates） 28
　　(4) 鼻音（Nasals） 29
　　(5) 側音（Lateral） 31
　　(6) 半母音（Semi-Vowels） 32
3．聞こえない音と脱落 34
　　★ 1つの単語内での「聞こえない音」と「脱落」 34
　　(1) 母音の前以外の破裂音は破裂しない！ 34
　　(2) 語末に来ている破裂音は破裂しない！ 36
　　(3) アクセントのない「あいまい母音」の[ə]は聞こえなくなる！ 37
　　(4) ing の[ŋ]の音が消えることがある！ 38
　　★ 2つの単語の間で「聞こえない音」と「脱落」 39
　　(1) 最初の単語の語尾と次の単語の最初の音が、同じ子音の場合 39
　　(2) 破裂音の後に破裂音が続く場合 41
　　(3) 破裂音の後に摩擦音が続く場合 42
　　(4) 破裂音の後に破擦音が続く場合 42
　　(5) 破裂音の後に側音が続く場合 42
　　(6) 破裂音の後に鼻音が続く場合 42
　　(7) 破裂音の後に半母音が続く場合 43
　　(8) 摩擦音の後に摩擦音が続く場合 43
　　(9) 代名詞 he・his・him・her などの発音されない[h] 43

(10) 聞こえない、あるいは脱落する子音[d]・[h]・[l]・[ð] 44
4．アクセント 45
　　(1) 文レベルでのアクセント 46
　　(2) 単語レベルでのアクセント 48
　　(3) 数字のアクセント 49
　　(4) 品詞を変えるアクセント 50
　　(5) 複合名詞 50
　　(6) 名詞＋名詞 52
　　(7) 現在分詞＋名詞 53
　　(8) 動名詞＋名詞 53
　　(9) 機能語の強形と弱形 54
5．音の連結（Liaison） 57
　　(1) 破裂音[p]・[t]・[k]・[b]・[d]・[g]＋母音の連結 57
　　(2) 鼻音[m]・[n]・[ŋ]＋母音の連結 59
　　(3) 側音[l]＋母音の連結 60
　　(4) 半母音[r]＋母音の連結 60
　　(5) ＋冠詞 a/an 60
6．音の同化（Assimilation） 63
　　代表的な同化現象 63
　　(1) [s]＋[j]＝[ʃ] 63
　　(2) [z]＋[j]＝[ʒ] 63
　　(3) [t]＋[j]＝[tʃ] 64
　　(4) [d]＋[j]＝[dʒ] 65
　　(5) [n]＋[t]＝[n] 65
　　(6) 「熟語」として使われる表現 66
　　(7) 隣の音の影響で、有声音 → 無声音へ 66
　　(8) 隣の音の影響で、無声音 → 無声音へ 66
　　(9) 隣の音の影響で、無声音[t] → 有声音[d]へ 67
7．短縮形（Contraction） 68
　　(1) 主語＋助動詞や be 動詞 68
　　(2) 助動詞や be 動詞＋not の短縮形 70
　　(3) 助動詞＋have の短縮形 71

8．イントネーション（Intonation） 72
　(1) 下降するイントネーション 72
　(2) 上昇するイントネーション 74
　(3) 下降上昇するイントネーション 76
　(4) 上昇下降するイントネーション 77
9．カタカナ語 78
　(1) カタカナ語の発音 78
　(2) 英語由来のカタカナ語 82
　(3) 英語以外の言語に由来するカタカナ語 92
　(4) カタカナ語の省略形 96
　(5) アメリカの地名 99
　(6) 注意すべき英語の国名・地名 103

1. 英語のリズム（Rhythm）

　文章の中で、あるいは1つの単語の中で起こる「強く発音される部分」と「弱く発音される部分」との組み合わせが、英語独特のリズムを作り出しています。「強く発音される部分」がほぼ等間隔で現れるのが、英語のリズムの特徴です。日本語にはこのリズムは存在しませんが、英語で円滑なコミュニケーションを図る上では、このリズムを体得することは必要不可欠な要素となります。どの単語が文の中で強く発音されているのか、1つの単語の中でもどこが強く発音されている部分なのかを聞きとることによって、英語独特のこの強弱のリズムに慣れることができます。

　また、「耳」で英語独特の強弱のリズムを聞きながら、「口」でアクセントのある部分を強く発音する訓練を行うと、英語のリズムを効率的に身に着けることができます。訓練の際に注意しなければならないことは、文の途中で息切れをしないことです。英語は日本語とは発声が違い、途中で息つぎをするとリズムを壊してしまうので、強く息を吸ってリズムを壊さないように一気に発音することが重要です。

　現在、英語のリズムを体得する訓練手法の一つとして流行の「シャドーイング」も効率的な方法と言えます。かつて自身が同時通訳養成所で実際に体験した者として、イントネーションやポーズやアクセントなどを正確に「シャドーイング」することは、英語のリズムを体得する格好の方法だと思います。

　「シャドーイング」は、「影」を意味する"shadow"から出来た表現で、「影のようにつきまとう」という意味の動詞"shadow"を動名詞にして"shadowing"となります。つまり、聞こえてきた英語を「影」のように後について発音することを意味します。「音」を聞き取ることに専念するので、日本語を介さずに英語を英語として聞く能力が身につくと言われています。

　英語の強弱のリズムを聞き取る際には、ただ闇雲に「耳」と「口」で英語独特のリズムを聞き取るのではなくて、音声の基本的なルールを頭に入れた上で聞くことによって、効率よく体得することができます。

2．母音と子音（Vowels & Consonants）

　声を伴って作られる音、つまり声帯を振動させて発音する音を「**有声音**」と言います。一方、声帯の震えを伴わない「息」の状態の音、つまり息だけで作られる音を「**無声音**」と言います。

　日本語では、「ア」・「イ」・「ウ」・「エ」・「オ」にあたる音を「**母音**」と言いますが、英語の「**母音**」も日本語の母音に近い音です。英語の「**母音**」は、有声音で声帯の震えを伴います。英語は、日本語よりも母音と子音の数が多く、日本語にはない様々な微妙な音が存在します。

　そして、母音以外の音すべてを「**子音**」と言います。子音は、息の流れが唇や舌によって妨げられることによって作られる音です。子音には有声音と無声音の両方があります。子音の有声音は[b][d][g][m][n][ŋ][l][v][ð][z][ʒ][r][dʒ][w][j]で、無声音は[p][t][k][f][θ][s][ʃ][tʃ]です。

　また、アルファベットの中の[a]・[i]・[u]・[e]・[o]は「**母音字**」と呼ばれますが、文字は母音字でも実際の音が子音のことがあります。そして、母音字以外を「**子音字**」と呼びますが、子音字でも「母音」として発音されることもあります。

発音表記に関して、1つの単語に異なった発音がある場合には、最も一般的と思われる発音を載せています。また、1つの単語に2つの発音を表記しているものがありますが、アメリカ英語・イギリス英語の順番で記載しています。（辞書によっては発音表記が異なる場合があります。）

☆「母音字」

1) 子音の発音の「**母音字**」

one[wʌ́n]　　　　　**u**nique[juːníːk]　　　　　**u**nite[ju(:)náit]　　　　　**u**se[júːz]

　　　　　　　　＊()で表記されている音は、発音してもしなくてもどちらでも良いものです。

2) 子音と子音に挟まれて発音されない「母音字」

butt<u>o</u>n[bʌtn]　　　cott<u>o</u>n[kɑ́(:)tn/kɔ́tn]　　　mod<u>e</u>l[mɑ́(:)dl/mɔ́dl]

pan<u>e</u>l[pǽnl]　　gard<u>e</u>n[gɑ́:(r)dn]　　kitt<u>e</u>n[kítn]　　wood<u>e</u>n[wúdn]

3) 子音＋[e]の語尾 ─ 「子音」の音と1つになる「母音字」

appl<u>e</u>[ǽpəl]　　cycl<u>e</u>[sáikəl]　　hol<u>e</u>[hóul]　　littl<u>e</u>[lítl]　　middl<u>e</u>[mídl]

juic<u>e</u>[dʒúːs]　　nic<u>e</u>[náis]　　notic<u>e</u>[nóutis]　　pric<u>e</u>[práis]　　ric<u>e</u>[ráis]

giv<u>e</u>[gív]　　sav<u>e</u>[séiv]　　decid<u>e</u>[disáid]　　prid<u>e</u>[práid]　　wid<u>e</u>[wáid]

cak<u>e</u>[kéik]　　lak<u>e</u>[léik]　　cas<u>e</u>[kéis]　　nois<u>e</u>[nɔ́iz]　　pleas<u>e</u>[plíːz]

hom<u>e</u>[hóum]　　fin<u>e</u>[fáin]　　glob<u>e</u>[glóub]　　tak<u>e</u>[téik]　　typ<u>e</u>[táip]

☆「子音字」

1) [h]＋母音の語頭 ─ 発音されない「子音字」

<u>h</u>our [áuə(r)]　　<u>h</u>onest [ɑ́:nist/ɔ́nist]　　<u>h</u>onor [ɑ́:nər/ɔ́nə]

2) 子音＋[y]の語尾 ─ 母音[i]または[ai]になる「子音字」

bab<u>y</u>[béibi]　　bod<u>y</u>[bɑ́(:)di]　　lad<u>y</u>[léidi]　　happ<u>y</u>[hǽpi]　　hone<u>y</u>[hʌ́ni]

funn<u>y</u>[fʌ́ni]　　abilit<u>y</u>[əbíləti]　　ver<u>y</u>[véri]　　marr<u>y</u>[mǽri]　　sorr<u>y</u>[sɑ́:ri]

stor<u>y</u>[stɔ́:ri]　　earl<u>y</u>[ə́:(r)li]　　easil<u>y</u>[íːzəli]　　widel<u>y</u>[wáidli]　　cr<u>y</u>[krái]

c<u>y</u>cle[sáikəl]　　m<u>y</u>[mái]　　sk<u>y</u>[skái]　　st<u>y</u>le[stáil]　　t<u>y</u>pe[táip]

母　音

　母音は、調音器官全体の動きによって、単母音（短母音と弱母音）と二重母音に分類されます。舌の位置によっても分類されます。舌面のどの部分が高くなっているのかによって、また、舌がどの程度高く持ち上げられているのかによっても分類されます。日本語とは違って、英語には様々な音色の母音が存在します。

　母音によって1つの単語が区切られますが、その区切られた部分を「音節」と言います。つまり、1つの母音とその前後に付く子音を一続きの音としてとらえたものが「音節」です。例えば、"English"は[íŋgliʃ]と発音されますが、母音の[E]と[i]によってEngとlishの2つに区切られるので、「2音節」になります。

(1) 単母音 (Monophthong)

　単母音には、子音で終わる音節にだけ現れてアクセントのある位置にくる「短母音」と、常に弱い音節に現れる「弱母音」があります。

[æ]

> 日本語の「ア」と「エ」の中間の音で、母音の中でも特に発音に注意をしなければならない音の一つです。舌の先を下の歯の裏にあてて、日本語の「エ」を発音するように口を左右に大きく開けながら横に広げます。「ア」と「エ」を同時に発音するような感じで、やや長めに「ア」と発音します。

add[ǽd]	album[ǽləm]	ask[ǽsk]	back[bǽk]	bag[bǽg]
black[blǽk]	catch[kǽtʃ]	fan[fǽn]	fat[fǽt]	gas[gǽs]
happy[hǽpi]	hat[hǽt]	jam[dʒǽm]	lack[lǽk]	man[mǽn]
match[mǽtʃ]	sad[sǽd]	salad[sǽləd]	sand[sǽnd]	thank[θǽŋk]

[ɑ]

顎をしっかりと下げて、日本語の「アー」を発音する形に口を大きく開けて、「オ」と発音して出す音です。

college[kɑ́lidʒ]	drop[drɑ́p]	golf[gɑ́lf]	honest[ɑ́nist]	hobby[hɑ́bi]
hot[hɑ́t]	job[dʒɑ́b]	knock[nɑ́k]	lock[lɑ́k]	model[mɑ́dl]
odd[ɑ́d]	pond[pɑ́nd]	rob[rɑ́b]	shock[ʃɑ́k]	shot[ʃɑ́t]
shop[ʃɑ́p]	stop[stɑ́p]	top[tɑ́p]	topic[tɑ́pik]	yacht[jɑ́t]

＊[ɑ]の部分は[ɑː]や[ɔ]の発音表記もあります。

[ʌ]

日本語の「ア」に「オ」の音を付け加えた感じで、舌の筋肉を緩めて発音します。何かを思い出した時に短く発する「アッ」の音に似ています。

bus[bʌ́s]	butter[bʌ́tə(r)]	come[kʌ́m]	country[kʌ́ntri]	cut[kʌ́t]
double[dʌ́bəl]	front[frʌ́nt]	gun[gʌ́n]	jump[dʒʌ́mp]	luck[lʌ́k]
mother[mʌ́ðə(r)]	much[mʌ́tʃ]	other[ʌ́ðə(r)]	punch[pʌ́ntʃ]	run[rʌ́n]
shut[ʃʌ́t]	tongue[tʌ́ŋ]	touch[tʌ́tʃ]	uncle[ʌ́ŋkəl]	young[jʌ́ŋ]

[ə]

> 「あいまい母音」と呼ばれる音で、日本語の「ア」と「ウ」の中間の音です。母音の中でも特に発音に注意をしなければならない音の一つです。口の力を抜いた状態で、口を軽く開けて、短く弱くあいまいに発音します。この音にはアクセントは付かず、音としての特質を持たないので非常に聞き取りにくい音です。

about[əbáut]　above[əbʌ́v]　again[əgé(i)n]　among[əmʌ́ŋ]　aware[əwéə(r)]

away[əwéi]　carrot[kǽrət]　family[fǽməli]　lemon[lémən]　parade[pəréid]

parrot[pǽrət]　police[pəlíːs]　today[tədéi]　tunnel[tʌ́nəl]　union[júːnjən]

[i]

> 舌と唇の力を抜いて、唇を左右に広げずに短く発音します。日本語の「イ」と「エ」の中間の音ですが、日本語の「イ」よりも舌の位置が低くなります。どちらかというと、日本語の「エ」の方に近い音です。

big[bíg]　busy[bízi]　fill[fíl]　finish[fníʃ]　hit[hít]

idea[aidíːə]　minute[mínit]　miss[mís]　pick[pík]　quick[kwík]

rich[rítʃ]　river[rívə(r)]　sit[sít]　trip[tríp]　village[vílidʒ]

＊( )で表記されている音は、発音してもしなくてもどちらでも良いものです。

[u]

> 日本語の「ウ」よりも少し唇を丸めて、喉の奥から声を出すような感じで発音します。舌を後ろに引きよせるようにして音を出します。

cook[kúk]　　foot[fút]　　full[fúl]　　good[gúd]　　look[lúk]

pull[púl]　　push[púʃ]　　put[pút]　　should[ʃúd]　　sugar[ʃúgə(r)]

wolf[wúlf]　　woman[wúmən]　　wood[wúd]　　wool[wúl]　　would[wúd]

[e]

> 日本語の「エ」よりも舌の位置を少し下げて、口の開きを少し大きめにして音を出します。唇を少し緊張させた感じで発音します。

bed[béd]　　bread[bréd]　　dress[drés]　　egg[ég]　　end[énd]

ever[évə(r)]　　friend[frénd]　　head[héd]　　health[hélθ]　　left[léft]

letter[létər]　　many[méni]　　next[nékst]　　pencil[pénsəl]　　red[réd]

sell[sél]　　tell[tél]　　test[tést]　　very[véri]　　well[wél]

[ɔ]

> 唇を丸めて顎を下げ、日本語の「オ」を発音するときよりも口を大きく開けて発音します。

along[əlɔ́(:)ŋ]　　belong[bilɔ́(:)ŋ]　　cough[kɔ́(:)f]　　dog[dɔ́(:)g]　　fog[fɔ́(:)g]

gone[gɔ́(:)n]　　long[lɔ́(:)ŋ]　　office[ɔ́(:)fis]　　often[ɔ́(:)fən]　　oral[ɔ́(:)rəl]

origin[ɔ́(:)rədʒin]　soft[sɔ́(:)ft]　　song[sɔ́(:)ŋ]　　strong[strɔ́(:)ŋ]　　wrong[rɔ(:)ŋ]

[ɑːr]米 / [ɑː]英

> 日本語の「アー」と似ている音ですが、舌の位置を下げて口を大きく開けて発音します。イギリス英語では、[r]が入っていても、語尾や子音の前の[r]は通常発音しません。アメリカ英語では、[r]がどの位置に来ても、[r]の音を響かせて発音します。（＊[r]の発音はP.32を参照。）

arm[ɑ́ː(r)m]　　art[ɑ́ː(r)t]　　bar[bɑ́ː(r)]　　calm[kɑ́ːm]　　car[kɑ́ː(r)]

dark[dɑ́ː(r)k]　　far[fɑ́ː(r)]　　farm[fɑ́ː(r)m]　　father[fɑ́ːðə(r)]　　garlic[gɑ́ː(r)lik]

harm[hɑ́ː(r)m]　　heart[hɑ́ː(r)t]　　large[lɑ́ː(r)dʒ]　　park[pɑ́ː(r)k]　　part[pɑ́ː(r)t]

smart[smɑ́ː(r)t]　sharp[ʃɑ́ː(r)p]　　star[stɑ́ː(r)]　　start[stɑ́ː(r)t]　　yard[jɑ́ː(r)d]

[ə:r]米 / [ə:]英

日本語の「アー」よりも口を小さく開けて、[ə]を発音する口の形にします。「ウー」の音も出すような感じで発音します。舌の先を少し後ろにそらせて、口を少しすぼめて音を出します。うがいをする時の口の形に似ています。[ɑ:]と同様に、イギリス英語では、[r]が入っていても、語尾や子音の前の[r]は通常発音しません。アメリカ英語では、[r]がどの位置に来ても[r]の音を響かせて発音します。（＊[r]の発音は P.32 を参照。）

bird[bə́:(r)d]	birth[bə́:(r)θ]	church[tʃə́:(r)tʃ]	dirty[də́:(r)ti]	early[ə́:(r)li]
earth[ə́:(r)θ]	first[fə́:(r)st]	fur[fə́:(r)]	learn[lə́:(r)n]	person[pə́:(r)sən]
serve[sə́:(r)v]	service[sə́:(r)vis]	shirt[ʃə́:(r)t]	stir[stə́:(r)]	third[θə́:(r)d]
turn[tə́:(r)n]	word[wə́:(r)d]	work[wə́:(r)k]	world[wə́:(r)ld]	worth[wə́:(r)θ]

[i:]

日本語の「イー」と似ている音ですが、「イー」と発音する時よりも少し左右に唇を開いて発音します。

beat[bí:t]	cheese[tʃí:z]	each[í:tʃ]	even[í:vən]	feet[fí:t]
heat[hí:t]	key[kí:]	leaf[lí:f]	meat[mí:t]	peace[pí:s]
piece[pí:s]	people[pí:pəl]	police[pəlí:s]	reach[rí:tʃ]	scene[sí:n]
sea[sí:]	sleep[slí:p]	sweet[swí:t]	tea[tí:]	weak[wí:k]

[uː]

> 唇を丸めて突き出して、舌も唇も緊張した状態で、日本語の「ウー」よりも強く「ウー」と発音します。

blue[blúː]　　cool[kúːl]　　duty[d(j)úːti]　　food[fúːd]　　fruit[frúːt]

lose[lúːz]　　mood[múːd]　　move[múːv]　　noon[núːn]　　pool[púːl]

prove[prúːv]　　root[rúːt]　　rude[rúːd]　　rule[rúːl]　　school[skúːl]

soup[súːp]　　tomb[túːm]　　tooth[túːθ]　　true[trúː]　　zoo[zúː]

[ɔːr]米 / [ɔː]英

> 日本語の「オー」と似ている音です。唇を丸めて口を縦に大きく開いて、「オ」の音をしっかり伸ばして発音します。[r]が入らない場合には、イギリス英語もアメリカ英語も発音が同じです。イギリス英語では、[r]が入っていても、語尾や子音の前の[r]は通常発音しません。アメリカ英語では、[r]がどの位置に来ても[r]の音を響かせて発音します。（＊[r]の発音は P.32 を参照。）

all[ɔ́ːl]　　also[ɔ́ːlsou]　　ball[bɔ́ːl]　　before[bifɔ́ː(r)]　　board[bɔ́ː(r)d]

call[kɔ́ːl]　　cause[kɔ́ːz]　　chalk[tʃɔ́ːk]　　court[kɔ́ː(r)t]　　door[dɔ́ː(r)]

fall[fɔ́ːl]　　horse[hɔ́ː(r)s]　　law[lɔ́ː]　　salt[sɔ́ːlt]　　sauce[sɔ́ːs]

saw[sɔ́ː]　　short[ʃɔ́ː(r)t]　　small[smɔ́ːl]　　sport[spɔ́ː(r)t]　　story[stɔ́ːri]

talk[tɔ́ːk]　　tall[tɔ́ːl]　　walk[wɔ́ːk]　　war[wɔ́ː(r)]　　warm[wɔ́ː(r)m]

(2) 二重母音 (Diphthongs)

　2つの母音が1つの音として発音される母音を、「二重母音」と言います。最初の母音を強く長く発音してから、次の母音を添えるように発音します。次の母音に移る際には、音を切らずに発音します。

[ai]

> 日本語の「ア」の音を出す時よりも口を大きく開けて、舌を少し下げます。「ア」と強く音を出して、続けて弱く軽い感じで「イ」の音を出します。

b<u>uy</u>[bái]	ch<u>i</u>ld[tʃáild]	cl<u>i</u>mb[kláim]	cr<u>y</u>[krái]	des<u>ig</u>n[dizáin]
dr<u>i</u>ve[dráiv]	<u>eye</u>[ái]	<u>i</u>ce[áis]	k<u>i</u>nd[káind]	kn<u>i</u>fe[náif]
l<u>igh</u>t[láit]	n<u>igh</u>t[náit]	r<u>i</u>de[ráid]	r<u>igh</u>t[ráit]	s<u>i</u>de[sáid]
sk<u>y</u>[skái]	sm<u>i</u>le[smáil]	st<u>y</u>le[stáil]	t<u>i</u>me[táim]	wr<u>i</u>te[ráit]

[au]

> [ai]を発音するのと同じように、日本語の「ア」の音を強く出した後に、続けて「ウ」の音を弱く出して発音します。

all<u>ow</u>[əláu]	b<u>ow</u>[báu]	cl<u>ou</u>d[kláud]	cr<u>ow</u>d[kráud]	d<u>ou</u>bt[dáut]
d<u>ow</u>n[dáun]	fl<u>ow</u>er[fláuə(r)]	f<u>ou</u>nd[fáund]	h<u>ou</u>se[háus]	l<u>ou</u>d[áuld]
m<u>ou</u>th[máuθ]	n<u>ow</u>[náu]	<u>ou</u>t[áut]	p<u>ow</u>er[páuə(r)]	r<u>ou</u>nd[ráund]
sh<u>ou</u>t[ʃáut]	sh<u>ow</u>er[ʃáuər]	s<u>ou</u>nd[sáund]	s<u>ou</u>th[sáuθ]	t<u>ow</u>n[táun]

[iər]米 / [iə]英

> [i]を発音する口の形を作ってから、舌を後ろに反らして[ər]の発音に移ります。イギリス英語では、[r]が入っていても、語尾や子音の前の[r]は通常発音しません。アメリカ英語では、[r]がどの位置に来ても、[r]の音を響かせて発音します。（＊[r]の発音は P.32 を参照。）

beard[bíə(r)d]　　beer[bíə(r)]　　career[kəríə(r)]　　cheer[tʃíə(r)]　　clear[klíə(r)]

dear[díə(r)]　　deer[díə(r)]　　ear[íə(r)]　　fear[fíə(r)]　　hear[híə(r)]

here[híə(r)]　　mere[míə(r)]　　near[níə(r)]　　theory[θíə(r)i]　　severe[sivíə(r)]

[uər]米 / [uə]英

> 唇を丸くして「ウ」を発音した後に、続けて[ər]の音を発音します。イギリス英語では、[r]が入っていても、語尾や子音の前の[r]は通常発音しません。アメリカ英語では、[r]がどの位置に来ても[r]の音を響かせて発音します。（＊[r]の発音は P.32 を参照。）

cure[kjúə(r)]　　endure[indúə(r)]　　lure[lúə(r)]　　mature[mətʃúə(r)]　　poor[púə(r)]

pure[pjúə(r)]　　secure[sikjúə(r)]　　sure[ʃúə(r)]　　tour[túə(r)]　　your[júə(r)]

amateur[ǽmətə(r)/ǽmətʃúə(r)]　　literature[lítərətʃúə(r)]

[eər]米 / [eə]英

[e]と[æ]の中間の音です。日本語の「エ」よりも口を大きく開けて強く音を出した後に、続けて「あいまい母音」の[ə]の音を弱く出して発音します。イギリス英語では、[r]が入っていても、語尾や子音の前の[r]は通常発音しません。アメリカ英語では、[r]がどの位置に来ても[r]の音を響かせて発音します。（＊[r]の発音はP.32を参照。）

air[éə(r)]	bare[béə(r)]	bear[béə(r)]	chair[tʃéə(r)]	dare[déə(r)]
fair[féə(r)]	fare[féə(r)]	hair[héə(r)]	hare[héə(r)]	pair[péə(r)]
rare[réə(r)]	scare[skéə(r)]	share[ʃéə(r)]	spare[spéə(r)]	stair[stéə(r)]
stare[stéə(r)]	tear[téə(r)]	there[ðéə(r)]	wear[wéə(r)]	where[hwéə(r)]

[ei]

口を横にしっかり広げて日本語の「エ」の音を強く出した後に、続けて「イ」の音を弱く出して発音します。「エー」とのばして長音にならないように注意します。

able[éibəl]	age[éidʒ]	baby[béibi]	cake[kéik]	date[déit]
great[gréit]	hate[héit]	lake[léik]	make[méik]	name[néim]
pain[péin]	rain[réin]	safe[séif]	save[séiv]	take[téik]
tale[téil]	train[tréin]	they[ðéi]	wait[wéit]	way[wéi]

[ɔi]

> 唇を丸めて、口を大きく開けて日本語の「オ」の音を強く出した後に、続けて「イ」の音を弱く出して発音します。

avoid[əvɔ́id]　　boil[bɔ́il]　　choice[tʃɔ́is]　　coin[kɔ́in]　　destroy[distrɔ́i]

enjoy[indʒɔ́i]　　join[dʒɔ́in]　　joint[dʒɔ́int]　　joy[dʒɔ́i]　　loyal[lɔ́iəl]

noise[nɔ́iz]　　oyster[ɔ́istə(r)]　　oil[ɔ́il]　　point[pɔ́int]　　poison[pɔ́izən]

royal[rɔ́iəl]　　soil[sɔ́il]　　spoil[spɔ́il]　　toy[tɔ́i]　　voice[vɔ́is]

[ou]

> 唇を丸めて、舌先を下の歯の付け根から引き寄せて発音します。日本語の「オ」を発音する感じで音を出した直後に、続けて弱く「ウ」の音を発音します。長音の「オー」にはならないように注意します。

boat[bóut]　　both[bóuθ]　　coat[kóut]　　cold[kóuld]　　hold[hóuld]

hope[hóup]　　host[hóust]　　know[nóu]　　low[lóu]　　most[móust]

oh[óu]　　old[óuld]　　only[óunli]　　open[óupən]　　over[óuvə(r)]

own[óun]　　road[róud]　　role[róul]　　rose[róuz]　　show[ʃóu]

slow[slóu]　　smoke[smóuk]　　snow[snóu]　　stone[stóun]　　though[ðóu]

子　音

　英語の子音は日本語の子音よりも強く発音されます。子音の中には、日本語に近い音がないため、発音上とりわけ困難なものがあります。
　声帯を振動させて発音する「有声音」と、声帯を振動させないで発音する「無声音」とがあります。

(1) 破裂音 (Plosives)

　「破裂音」は、口や唇の中のどこかで肺から出てくる空気の流れがいったん止められて、その後空気を通過させて作られる音のことです。

[p]

両唇を閉じて破裂させるような感じで、一気に強く息を出して発音します。声帯が振動しないので、無声音です。

page[péidʒ]　　pain[péin]　　pair[péə(r)]　　paper[péipə(r)]　　park[pá:(r)k]

part[pá:(r)t]　　peace[pí:s]　　peach[pí:tʃ]　　people[pí:pəl]　　pick[pík]

pin[pín]　　place[pléis]　　power[páuə(r)]　　price[práis]　　happen[hǽpən]

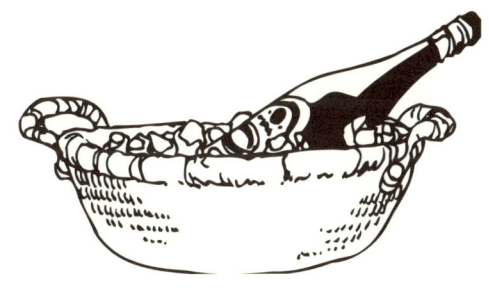

[b]

> [p]と同じ要領で、閉じた両唇を破裂させるような感じで一気に強く息を出して発音します。声帯が振動するので、有声音です。

babble[bǽbəl]　　back[bǽk]　　bag[bǽg]　　bar[bɑ́:(r)]　　base[béis]

bear[béə(r)]　　bee[bí:]　　bell[bél]　　best[bést]　　blue[blú:]

body[bɑ́:di]　　brave[bréiv]　　bread[bréd]　　break[bréik]　　bring[bríŋ]

[t]

> [d]と同じ要領で、舌先を上の歯茎にあて、歯茎から舌先を力強く一気に外しながら息を出して発音します。声帯が振動しないので、無声音です。どの場所にあるかによって[t]の音は変化します。やわらかくなる[t]の音は「ラ」行や「ダ」行の音に聞こえることがあります。

table[téibəl]　　taboo[təbú:]　　tag[tǽg]　　talk[tɔ́:k]　　taste[téist]

teach[tí:tʃ]　　team[tí:m]　　tear[tíə(r)]　　tent[tént]　　term[tə́:(r)m]

ticket[tíkit]　　title[táitl]　　tool[tú:l]　　touch[tʌ́tʃ]　　trouble[trʌ́bəl]

「やわらかくなる音」

better[bétə(r)]　　city[síti]　　later[léitə(r)]　　latter[lǽtə(r)]　　letter[létə(r)]

little[lítl]　　matter[mǽtə(r)]　　pretty[príti]　　sister[sístə(r)]　　water[wɔ́:tə(r)]

[d]

> [t]と同じ要領で、舌先を上の歯茎にあて、歯茎から力強く舌先を外しながら一気に息を出して発音します。声帯が振動するので、有声音です。

day[déi]　　　dark[dá:(r)k]　　deep[dí:p]　　desk[désk]　　dinner[dínə(r)]

do[dú:]　　　draw[drɔ́:]　　　dream[drí:m]　　dress[drés]　　drill[dríl]

drip[dríp]　　drive[dráiv]　　drop[drá(:)p]　　dry[drái]　　dust[dʌ́st]

[k]

> 日本語の「カ行」と同じ要領で、舌先を上あごに沿ってずらして柔らかい場所まで持っていき、舌を外すときに息を一気に出して発音します。声帯が振動しないので、無声音です。

cake[kéik]　　cancel[kǽnsəl]　　candle[kǽndl]　　candy[kǽndi]　　care[kéə(r)]

career[kəríə(r)]　carrot[kǽrət]　carry[kǽri]　　cause[kɔ́:z]　　clear[klíə(r)]

color[kʌ́lə(r)]　come[kʌ́m]　　couple[kʌ́pəl]　　cream[krí:m]　　crew[krú:]

keep[kí:p]　　kick[kík]　　kind[káind]　　except[iksépt]　　extra[ékstrə]

[g]

[k]と同じ要領で、舌先を上あごに沿ってずらして、柔らかい場所まで持っていきます。舌を外すと同時に息を一気に出して発音します。声帯が振動するので、有声音です。

game[géim]   gap[gǽp]   garden[gáː(r)dn]   gate[géit]   gather[gǽðə(r)]

ghost[góust]   gift[gíft]   give[gív]   glad[glǽd]   glove[glʌ́v]

goal[góul]   god[gá(ː)d]   goose[gúːs]   grade[gréid]   grape[gréip]

(2) 摩擦音 (Fricatives)

[f]

> 日本語にはない音です。[v]と同じ要領で、下唇の内側に上の前歯の先を軽く触れさせて、その隙間から息を出して発音します。息を出す時に、上の前歯と下唇をかすかに摩擦させるので、「摩擦音」と呼ばれます。声帯が振動しないので、無声音です。

fan[fǽn]　　fine[fáin]　　finger[fíŋgə(r)]　　finish[fíniʃ]　　fire[fáiə(r)]

first[fə́:(r)st]　　fix[fíks]　　flag[flǽg]　　flash[flǽʃ]　　friend[frénd]

fun[fʌ́n]　　photo[fóutou]　　phrase[fréiz]　　physics[fíziks]　　phone[fóun]

[v]

> 日本語にはない音なので、発音することがとりわけ難しい音です。[f]と同じ要領で、上の歯を下唇に軽く触れて、その隙間から音を出します。狭い隙間から息をこすらせるように出すので「摩擦音」と呼ばれます。声帯の振動を伴うので、有声音です。勝利の意味で「Vサイン（＝Victory sign）」と言う際には、[b]に近い音で「バ行」の「ブイ」と発音する人が多いようです。その理由には、[b]の音は両唇を合わせて発音をする点で日本語の「バ行」の音に近いので、日本人にとっては比較的発音しやすい音だということが考えられます。正しい[v]の音を意識しましょう。

value[vǽljuː]　　van[vǽn]　　vase[véis]　　verb[və́:(r)b]　　very[véri]

video[vídiou]　　view[vjúː]　　village[vílidʒ]　　vine[váin]　　vision[víʒən]

visit[vízit]　　vocal[vóukəl]　　voice[vɔ́is]　　vote[vóut]　　vow[váu]

[θ]

> [th]音は、日本語にはない音です。[ð]と同じ要領で、舌の先を上下の歯の間に挟んで息を出して発音します。[s]よりも、少し舌先を出す感じで音を出します。狭い隙間から息をこすらせるように出すので、「摩擦音」と呼ばれます。声帯は振動しないので、無声音です。

thank[θǽŋk]　theater[θíːətər]　theme[θíːm]　theory[θíːəri]　thesis[θíːsis]

thick[θík]　thin[θín]　thing[θíŋ]　think[θíŋk]　third[θə́ː(r)d]

thirst[θə́ː(r)st]　thought[θɔ́ːt]　three[θríː]　thrill[θríl]　throat[θróut]

throw[θróu]　thumb[θʌ́m]　earth[ə́ː(r)θ]　month[mʌ́nθ]　mouth[máuθ]

[ð]

> [θ]と同じ要領で、舌の先を上下の歯の間に挟んで息を出して発音します。やはり狭い隙間から息をこすらせるように出すので、「摩擦音」と呼ばれます。声帯の振動を伴うので、有声音です。

than[ðǽn]　that[ðǽt]　then[ðén]　there[ðéə(r)]　these[ðíːz]

they[ðéi]　this[ðís]　those[ðóuz]　though[ðóu]　thus[ðʌ́s]

bathe[béið]　breathe[bríːð]　clothe[klóuð]　either[íːðə(r)]　father[fɑ́ːðə(r)]

mother[mʌ́ðə(r)]　other[ʌ́ðə(r)]　rhythm[ríðəm]　smooth[smúːð]　weather[wéðə(r)]

[s]

> [z]と同じ要領で、舌先を上の歯茎に近づけて、舌先と歯茎との隙間から力強く息をこすらせるように出して発音します。唇を左右に開いた状態で音を出します。声帯は振動しないので、無声音です。

cinema[sínəmə]　city[síti]　sad[sǽd]　same[séim]　say[séi]

screen[skrí:n]　sea[sí:]　season[sí:zən]　seat[sí:t]　seem[sí:m]

select[silékt]　simple[símpəl]　single[síŋgəl]　sister[sístə(r)]　size[sáiz]

skin[skín]　sky[skái]　sleep[slí:p]　start[stá:(r)t]　stick[stík]

[z]

> [s]と同じ要領で、舌先を上の歯茎に近づけて、舌先と歯茎との隙間から力強く息を出して発音します。「摩擦音」で、日本語の「ズ」に近い音です。声帯の振動を伴うので、有声音です。

zebra[zí:brə]　zero[zí(ə)rou]　zone[zóun]　zoo[zú:]　zoom[zú:m]

cheese[tʃí:z]　choose[tʃú:z]　jazz[dʒǽz]　lazy[léizi]　lose[lú:z]

prize[práiz]　puzzle[pʌ́zəl]　quiz[kwíz]　rose[róuz]　visit[vízit]

[ʃ]

> [ʒ]と同じ要領で、唇を丸くして、舌の前の部分と歯茎のすぐ後ろの部分との間から息を出して発音します。声帯は振動しないので、無声音です。

shake[ʃéik]　　　shape[ʃéip]　　　share[ʃéə(r)]　　　sharp[ʃɑ́:(r)p]　　　sheep[ʃí:p]

sheet[ʃí:t]　　　shell[ʃél]　　　ship[ʃíp]　　　shirt[ʃə́:(r)t]　　　shoe[ʃú:]

short[ʃɔ́:(r)t]　　　show[ʃóu]　　　shut[ʃʌ́t]　　　sugar[ʃúgə(r)]　　　action[ǽkʃən]

cash[kǽʃ]　　　nation[néiʃən]　　　fish[fíʃ]　　　section[sékʃən]　　　special[spéʃəl]

[ʒ]

> [ʃ]と同じ要領で、唇を丸くして、舌の前の部分と歯茎のすぐ後ろの部分との間から息を出して発音しますが、舌先が歯茎に触れないようにします。声帯の振動を伴うので、有声音です。

decision[disíʒən]　　　illusion[ilú:ʒən]　　　leisure[lí:ʒər]　　　massage[məsɑ́:ʒ]

measure[méʒə(r)]　　　occasion[əkéiʒən]　　　pleasure[pléʒə(r)]　　　rouge[ru:ʒ]

television[téləvìʒən]　　　treasure[tréʒə(r)]　　　usual[jú:ʒuəl]　　　version[və́:rʒən]

vision[víʒən]　　　division[dəvíʒən/divíʒən]

[h]

> 日本語の「ハ行」に近い音で、口の奥の上の部分全体に息があたる感じで強く息を吐き出して発音します。声帯は振動しないので、無声音です。

habit[hǽbit]   hall[hɔ́:l]   hand[hǽnd]   happen[hǽpən]   hate[héit]

head[héd]   health[hélθ]   hear[híə(r)]   heat[hí:t]   hell[hél]

help[hélp]   hide[háid]   high[hái]   hit[hít]   hole[hóul]

home[hóum]   hope[hóup]   horse[hɔ́:(r)s]   ahead[əhéd]   whole[hóul]

(3) 破擦音 (Affricates)

[tʃ]

> [dʒ]と同じ要領で、唇を丸めて、舌先を歯茎の後ろにあてて息の流れをいったん止めてから、舌先を離して息をこすらせるように出して発音します。声帯は振動しないので、無声音です。

chain[tʃéin]   chair[tʃéər]   chalk[tʃɔ́:k]   chat[tʃǽt]   cheap[tʃí:p]

check[tʃék]   cheese[tʃí:z]   cherry[tʃéri]   chief[tʃí:f]   child[tʃáild]

each[í:tʃ]   much[mʌ́tʃ]   rich[rítʃ]   speech[spí:tʃ]   switch[swítʃ]

[dʒ]

> [ʃ]や[tʃ]と同じ要領で、唇を丸くして舌先を歯茎のすぐ後ろの部分にあて、息の流れをいったん止めてから、その隙間から息を出します。舌先を歯茎に触れないように、舌打ちをするような感じで、舌先を離して息をこすらせるように出して発音します。声帯の振動を伴うので、有声音です。

gentle[dʒéntl]   giant[dʒáiənt]   jam[dʒǽm]   jaw[dʒɔ́:]   jazz[dʒǽz]

jeep[dʒí:p]   jelly[dʒéli]   jet[dʒét]   job[dʒá(:)b]   join[dʒɔ́in]

joke[dʒóuk]   joy[dʒɔ́i]   judge[dʒʌ́dʒ]   juice[dʒú:s]   age[éidʒ]

bridge[brídʒ]   college[ká(:)lidʒ]   cottage[ká(:)tidʒ]   engine[éndʒin]   edge[édʒ]

enjoy[indʒɔ́i]   huge[hjú:dʒ]   large[lá:(r)dʒ]   page[péidʒ]   stage[stéidʒ]

(4) 鼻音 (Nasals)

　破裂音と同じように、息の流れを止めて、そのまま鼻から息を出して発音する音です。鼻から声を出すような感じで音を出します。

[m]

> 唇をしっかり閉じて息の流れを止めて、鼻から息を出して発音します。声帯の振動を伴うので、有声音です。

mad[mǽd]	mail[méil]	main[méin]	make[méik]	man[mǽn]
many[méni]	map[mǽp]	mark[mɑ́:(r)k]	marry[mǽri]	mask[mǽsk]
mat[mǽt]	meal[mí:l]	mean[mí:n]	meat[mí:t]	meet[mí:t]
mental[méntl]	middle[mídl]	mile[máil]	mind[máind]	minute[mínit]

[n]

> 舌先を上の歯茎にあてて舌先を歯茎から力強く外しながら、鼻から息を出すような感じで発音します。[n]を単独で発音する場合には、日本語の「ン」とは違い、舌先が上の歯茎についた状態で終わります。声帯の振動を伴うので、有声音です。

knee[ní:]	knife[náif]	knock[nɑ́(:)k]	know[nóu]	name[néim]
neck[nék]	need[ní:d]	new[n(j)ú:]	next[nékst]	nice[náis]
night[náit]	nine[náin]	noon[nú:n]	north[nɔ́:(r)θ]	nose[nóuz]

[ŋ]

> 舌の後部を上あごの柔らかい場所にしっかりつけて、鼻から息を出すような感じで発音します。声帯の振動を伴うので、有声音です。

along[əlɔ́(:)ŋ]　　among[əmʌ́ŋ]　　ankle[ǽŋkəl]　　hang[hǽŋ]　　king[kíŋ]

long[lɔ́(:)ŋ]　　pink[píŋk]　　ring[ríŋ]　　singer[síŋə(r)]　　song[sɔ́(:)ŋ]

strong[strɔ́(:)ŋ]　　thing[θíŋ]　　think[θíŋk]　　tongue[tʌ́ŋ]　　uncle[ʌ́ŋkəl]

willing[wíliŋ]　　wing[wíŋ]　　wink[wíŋk]　　wrong[rɔ́(:)ŋ]　　young[jʌ́ŋ]

＊( )で表記されている音は、発音してもしなくてもどちらでも良いものです。

(5) 側音 (Lateral)

舌の横側から空気を出して出す音のことです。

[l]

舌先を上の歯茎に当てて、舌の両側から音を出して発音します。アクセントのある母音の前や半母音[j]の前の[l]は、「明るい[l]」と言います。また、母音の後や、語尾や子音の前に来る[l]を、「暗い[l]」と言います。「暗い[l]」は弱く暗い感じの音で、母音の[u]に近い音になります。日本語の「ウ」に近い音に変形するので、I'll は「アイウ」に、you'll は「ユウウ」に近い音になります。

明るい[l]

lady[léidi]　　late[léit]　　lazy[léizi]　　lemon[lémən]　　lend[lénd]

let[lét]　　light[láit]　　like[láik]　　line[láin]　　live[lív]

load[lóud]　　lock[lá(:)k]　　look[lúk]　　low[lóu]　　alive[əláiv]

暗い[l]

all[ɔ́:l]　　belt[bélt]　　bill[bíl]　　build[bíld]　　call[kɔ́:l]

cool[kú:l]　　doll[dá(:)l]　　fail[féil]　　file[fáil]　　film[fílm]

gold[góuld]　　kill[kíl]　　mail[méil]　　people[pí:pəl]　　pool[pú:l]

pull[púl]　　sell[sél]　　silver[sílvə(r)]　　tell[tél]　　will[wíl]

(6) 半母音 (Semi-Vowels)

純粋な子音ではなくて母音に近い音です。声帯の振動を伴うので、有声音です。

[r]

> 日本語の「ウ」を発音するような感じに唇を丸めて、舌先を口の中のどの部分にも触れないようにして発音します。声帯の振動を伴うので、有声音です。イギリス英語・アメリカ英語の両方とも、語頭や母音の前の[r]はしっかり音を響かせて発音します。イギリス英語では、語尾や子音の前の[r]は通常発音しません。アメリカ英語では、[r]がどの位置に来ても[r]の音を響かせて発音します。

rain[réin]　　read[rí:d]　　reason[rí:zən]　　ride[ráid]　　right[ráit]

rise[ráiz]　　river[rívə(r)]　　road[róud]　　rock[rá(:)k]　　role[róul]

rose[róuz]　　run[rʌ́n]　　arrive[əráiv]　　carry[kǽri]　　dry[drái]

pride[práid]　　train[tréin]　　true[trú:]　　try[trái]　　very[véri]

[w]

> 日本語の「ウ」よりもしっかり唇を丸めて、力を抜いて空気を出します。

wait[wéit]　　waist[wéist]　　walk[wɔ́:k]　　war[wɔ́:(r)]　　way[wéi]

wear[wéə(r)]　　week[wí:k]　　well[wél]　　west[wést]　　wet[wét]

wide[wáid]　　wife[wáif]　　wig[wíg]　　wild[wáild]　　win[wín]

wind[wínd]　　wine[wáin]　　winter[wíntər]　　wise[wáiz]　　wood[wúd]

[j]

舌先が下の前歯に軽くつくような感じで、日本語の「ヤ」行を発音するよりも強く音を出します。

union[júːnjən]   unit[júːnit]   unite[ju(ː)náit]   use[júːz]   yacht[já(ː)t]

yard[jáː(r)d]   yawn[jɔ́ːn]   yeah[jéə]   year[jír]   yeast[jíːst]

yellow[jélou]   yell[jél]   yen[jén]   yes[jés]   yet[jét]

young[jʌ́ŋ]   youth[júːθ]   beyond[bijánd]   few[fjúː]   news[n(j)úːz]

３．聞こえない音と脱落

　「目で見る英語」と「耳で聞く英語」との違いを引き起こす原因の一つに、子音、その中でも特に「破裂音」や「鼻音」と呼ばれる子音が「聞こえなくなる」現象があります。

　「破裂音」とは[p][t][k][b][d][g]の音のことですが、通常、**母音の前以外**の破裂音には、ほとんど破裂が起きません。この現象は、破裂がないので音がないように聞こえますが、実際は発音されていて「聞こえない音」というのが正しい表現です。前方の音を発音するときに、外に息を吐き出さずに後方の音に移るために、音が聞こえない現象が起こるのです。ただし、口の形は作られているので、音は聞こえなくても「間」が存在します。

　「破裂音」が句や節、文の語尾などに来た時にも破裂がなく、無声化されて聞こえなくなります。同様に、[m][n][ŋ]などの「鼻音」も節や文の語尾に来た時には無声化されて聞こえない音になります。

　前後の単語が同じ子音でつながっている場合にも、２つの子音を一息で発音するために、後方の単語の音が「聞こえない」現象が起こります。

　また、[t][d][h][g]などの子音が、発音されずに落ちてしまうことがあります。これらの現象を「**音の脱落**」と言います。公式の場や丁寧にゆっくり話す場面などを除いて、くだけた表現を使う日常会話の場面ではよく見られる現象です。

★ １つの単語内での「聞こえない音」と「脱落」

（1）母音の前以外の破裂音は破裂しない！

　"**cupboard**" という単語では、cup の[p]と board の[b]が破裂音ですが、[p]は破裂せずに母音の前の[b]だけが破裂して発音されます。[kʌbərd]という発音で、カタカナ表記にすると「カバアド」に近い音に聞こえます。また、語末の「破裂音」は

破裂せずに音が消える傾向にあるので、語末の[d]は聞こえなくなります。「カバア」に近い音に聞こえます。

"**bookkeeping**" は、丁寧にゆっくり発音すると[b]・[k]・[k]・[p]の４つの音が破裂をして[búkkì:piŋ]ですが、スピーディな実際の会話では母音の前以外の音は破裂しません。book の破裂音[k]は破裂せずに、keeping[kì:piŋ]の母音[ì:]の前にある破裂音[k]だけが破裂して発音されます。また、語尾に来る"**ing**"の[ŋ]の音も消えて[n]の音だけが残ることから、[búkì:pin]と発音されることになります。ただし、消えた音は「間」として残るので、カタカナで表すと「ブッキーピン」に近い音になります。そして、この「ブッキーピン」という音が「ブッキ」になり「ボキ」へと変化して、日本語の「簿記」という表現が生まれたという説があります。

"**kindness**"に関しては、破裂音[d]が破裂しないので発音は[káinnis]になります。「子音＋母音」という音節構造の日本語の発音では、[káinnis]は[ká]＋[in]＋[nis]と３音節に分けられます。カタカナ表記にすると「カ」＋「イン」＋「ニス」で、「カインニス」となります。しかし、英語では[kái]＋[nnis]の２音節に分けられるので、発音をカタカナ表記にすると「カイニス」に近い音になります。

bla**ck**board	[blǽkbɔ̀:rd]	→	[blǽbɔ̀:r(d)]	「ブラボー(ド)」
boo**kk**eeping	[búkkì:piŋ]	→	[búkì:pin]	「ブッキーピン(グ)」
foo**t**ball	[fútbɔ̀:l]	→	[fúbɔ̀:l]	「フッボール」
han**d**bag	[hǽndbæ̀g]	→	[hǽnbæ̀(g)]	「ハンバッ(ク)」
kin**d**ness	[káindnis]	→	[káinnis]	「カイニス」
si**de**walk	[sáidwɔ̀:]	→	[sáiwɔ̀:(k)]	「サイウォー(ク)」
ste**p**mother	[stépmʌ̀ðər]	→	[stémʌ̀ðər]	「ステマザー」
su**b**way	[sʌ́bwèi]	→	[sʌ́wèi]	「サウェイ」
tip**t**oe	[típtòu]	→	[títòu]	「ティトウ」
pos**t**man	[póustmən]	→	[póusmən]	「ポウスマン」

(2) 語末に来ている破裂音は破裂しない！

　　語末や文末にくる破裂音は、強勢がないので破裂が起こらずに音が聞こえなくなります。

about	[əbaut]	→	[əbau]	「アバウ」
back	[bæk]	→	[bæ]	「バ」
book	[buk]	→	[bu]	「ブ」
bed	[bed]	→	[be]	「ベ」
cook	[kuk]	→	[ku]	「ク」
cup	[kʌp]	→	[kʌ]	「カ」
cut	[kʌt]	→	[kʌ]	「カ」
date	[deit]	→	[deɪ]	「デイ」
debt	[det]	→	[de]	「デ」
eat	[iːt]	→	[iː]	「イー」
globe	[gloub]	→	[glou]	「グロウ」
lead	[liːd]	→	[liː]	「リー」
neck	[nek]	→	[ne]	「ネ」
pub	[pʌb]	→	[pʌ]	「パ」
song	[sɔːŋ]	→	[sɔ(ː)]	「ソ」
step	[step]	→	[ste]	「ステ」
take	[teik]	→	[tei]	「テイ」
time	[taim]	→	[tai]	「タイ」
top	[tɑ(ː)p]	→	[tɑ]	「タ」
white	[hwait]	→	[hwai]	「ワァイ」

(3) アクセントのない「あいまい母音」の[ə]は聞こえなくなる！

「あいまい母音」の[ə]は「弱母音」と言って、ほとんど聞こえなくなります。発音されるスピードによっては音が脱落します。

<u>a</u>bout	[əbáut]	→	[báu(t)]	「バウ(ト)」
<u>a</u>bove	[əbʌ́v]	→	[bʌ́v]	「バブ」
<u>a</u>gain	[əgén/əgéin]	→	[gén/géin]	「ゲン／ゲイン」
<u>a</u>head	[əhéd]	→	[hé(d)]	「ヘッ(ド)」
<u>a</u>live	[əláiv]	→	[láiv]	「ライブ」
<u>a</u>mong	[əmʌ́ŋ]	→	[mʌ́ŋ]	「マング」
<u>a</u>pply	[əplái]	→	[plái]	「プライ」
<u>a</u>ware	[əwéər]	→	[wéər]	「ウエア」
<u>a</u>way	[əwéi]	→	[wéi]	「ウエイ」
av<u>e</u>rage	[ǽvəridʒ]	→	[ǽvridʒ]	「アブリッジ」
canc<u>e</u>l	[kǽnsəl]	→	[kǽnsl]	「キャンスル」
carr<u>o</u>t	[kǽrət]	→	[kǽrt]	「キャルト」
choc<u>o</u>late	[tʃɔ́(:)kəlit]	→	[tʃɔ́(:)kli(t)]	「チョクリッ(ト)」
curt<u>ai</u>n	[kə́:rtən]	→	[kə́:rtn]	「カートン」
cert<u>ai</u>n	[sə́:rtən]	→	[sə́:rtn]	「サートン」
diff<u>e</u>rent	[dífərənt]	→	[dífrən(t)]	「ディフラン(ト)」
eat<u>e</u>n	[í:tən]	→	[í:tn]	「イートン」
handk<u>e</u>rchief	[hǽŋkərtʃif]	→	[hǽŋktʃif]	「ハンクチフ」
lab<u>o</u>ratory	[lǽbərətɔ̀:ri]	→	[lǽbrətɔ̀:ri]	「ラブラトリ」
lem<u>o</u>n	[lémən]	→	[lémn]	「レムン」
positi<u>o</u>n	[pəzíʃən]	→	[pəzíʃn]	「ポジシュン」
sep<u>a</u>rate	[sépərèit]	→	[séprèi(t)]	「セプレイ(ト)」
s<u>u</u>rround	[səráund]	→	[sráun(d)]	「スラウン(ド)」
usu<u>a</u>lly	[jú:ʒuəli]	→	[jú:ʒuli]	「ユージュリ」

(4) ing の [ŋ] の音が消えることがある！

doing	[dúːiŋ]	→	[dúːin]	「ドウィン」
laughing	[lǽfiŋ]	→	[lǽfin]	「ラフィン」
putting	[pútiŋ]	→	[pútin]	「プティン」
sitting	[sítiŋ]	→	[sítin]	「スィティン」
thinking	[θíŋkiŋ]	→	[θíŋkin]	「スィンキン」
morning	[mɔ́ːrniŋ]	→	[mɔ́ːrnin]	「モーニン」
something	[sʌ́mθiŋ]	→	[sʌ́mθin]	「サムスィン」
anything	[éniθiŋ]	→	[éniθin]	「エニスィン」
everything	[évriθiŋ]	→	[évriθin]	「エブリスィン」
nothing	[nʌ́θiŋ]	→	[nʌ́θin]	「ナスィン」

★ 2つの単語の間で「聞こえない音」と「脱落」

自然なスピードで行われる実際の会話では、単語と単語のつなぎで音が弱く発音されて聞こえなくなることや、まったく発音されずに音が消える現象が起こります。

例）Her　house　is　nex**t**　door.　　（「彼女の家は隣です。」）
　　　　　　　　　　[néks(t)][dɔ́:r]

"next door" という2つの単語が続いていますが、最初の単語 next の破裂音[t]は破裂せずに、次の単語 door の<u>母音[ɔ́:r]の前にある破裂音[d]</u>だけが破裂して発音されます。つまり、next[nékst]の[t]音が消えて、「ネクスドア」に近い音になるわけです。連続する単語と単語の間では、「<u>母音の前以外の破裂音にはほとんど破裂がない</u>」現象が起こり、破裂音すべてが破裂するわけではないのです。

同様に "big park" という表現の場合も、big[bíg]の[b]と[g]、park[pá:rk]の[p]と[k]は4つとも同じ破裂音ですが、破裂音[g]は母音の前ではなくて子音[p]の前にあるので破裂しません。また、「**語末に来ている破裂音が破裂しない**」ことから、破裂音[k]も破裂しません。破裂音[b]と[p]だけが、<u>母音の前にあるので</u>破裂することになります。破裂が起こらない[g]と[k]は「間」として音が残るので、ここでは「ビッパー」のように聞こえます。

（1）最初の単語の語尾と次の単語の最初の音が、同じ子音の場合

2つの連続する単語の語尾と語頭が同じ子音の場合には、2つの子音は1つの音として発音されます。

　　　　　　　　　　　　　　　　[p]＋[p]
dee**p p**ond　　　[dí:p pɔ́nd]　　→　[dì:pɔ́n(d)]　　「ディーポン(ド)」
to**p p**layer　　　[táp pléiər]　　→　[tàpléiər]　　「タプレイア」
kee**p p**laying　　[kí:p pléiŋ]　　→　[kì:pléiŋ]　　「キープレイン」

[t]＋[t]

ge**t t**ogether	[gét təgéðər]	→	[gètəgéðər]	「ゲッタギャザー」
go**t t**o	[gát tú:]	→	[gátə]	「ガタ」
ho**t t**ea	[hát tí:]	→	[hàtí:]	「ホッティー」
righ**t t**ime	[ráit táim]	→	[ràitáim]	「ライタイム」
nigh**t t**ime	[náit táim]	→	[nàitáim]	「ナイタイム」
par**t t**ime	[pá:rt táim]	→	[pà:rtáim]	「パータイム」
wha**t t**ime	[hwát táim]	→	[hwàtáim]	「ワッタイム」
don'**t t**ease	[dóunt tí:z]	→	[dòuntí:z]	「ドウンティーズ」
don'**t t**ouch	[dóunt tʌtʃ]	→	[dòuntʌtʃ]	「ドウンタチ」

[d]＋[d]

goo**d d**ay	[gùd déi]	→	[gùdéi]	「グッデイ」
goo**d d**eal	[gùd dí:l]	→	[gùdí:l]	「グッデイール」
goo**d d**river	[gùd dráivər]	→	[gùdráivər]	「グッドライバ」
ol**d d**oor	[óuld dɔ́:r]	→	[òuldɔ́:r]	「オールドア」
turn**ed d**own	[tə́:rnd dáun]	→	[tə̀:rndáun]	「ターンダウン」

[k]＋[k]

ta**ke c**are	[téik kéər]	→	[tèikéər]	「テイケア」
dar**k c**loud	[dá:rk kláud]	→	[dà:rkláu(d)]	「ダークラウ(ド)」

[g]＋[g]

bi**g g**uitar	[bíg gitá:r]	→	[bìgitá:r]	「ビッギター」
youn**g g**irl	[jʌ́ŋ gə́:rl]	→	[jʌ̀ŋgə́:rl]	「ヤンガール」
stron**g g**uard	[strɔ́(:)ŋ gá:rd]	→	[strɔ̀ŋgá:r(d)]	「ストロンガー(ド)」

[f]＋[f]

enou**gh f**ood	[inʌ́f fú:d]	→	[inʌ́fú:(d)]	「イナフー(ド)」

[ð]＋[ð]

wi**th th**at	[wíð ðǽt]	→	[wíðə(t)]	「ウィザ(ト)」

[s]＋[s]

thi**s s**tory	[ðís stɔ́:ri]	→	[ðistɔ́:ri]	「ディストーリィ」
ni**ce s**weater	[náis swétər]	→	[nàiswétər]	「ナイスウェタ」
bu**s s**ervice	[bʌ́s sə́:rvis]	→	[bʌsə́:rvis]	「バサーヴィス」

[l]＋[l]

fee**l l**ike	[fí:l láik]	→	[fì:lái(k)]	「フィーライ(ク)」

(2) 破裂音の後に破裂音が続く場合

　最初の単語に語尾の破裂音が破裂せずに、後の単語の最初の子音が発音されて、1つの子音のように聞こえます。

fa**t b**oy	[fǽt bɔ́i]	→	[fæbɔ́i]	「ファッボイ」
tha**t g**irl	[ðǽt gə́:rl]	→	[ðægə́:rl]	「ザッガール」
tha**t c**at	[ðǽt kǽt]	→	[ðækǽ(t)]	「ザッキャッ(ト)」
las**t b**us	[lǽst bʌ́s]	→	[lǽsbʌ́s]	「ラスバス」
nex**t d**ay	[nékst déi]	→	[nèksdéi]	「ネクスデイ」
goo**d b**oy	[gúd bɔ́i]	→	[gùbɔ́i]	「グッボイ」
goo**d g**irl	[gúd gə́:rl]	→	[gùgə́:rl]	「グッガール」
goo**d t**ime	[gúd táim]	→	[gùtáim]	「グッタイム」
goo**d c**oncert	[gúd kánsert]	→	[gùkánser(t)]	「グッコンサー(ト)」
bi**g p**ark	[bíg pá:rk]	→	[bìpá:r(k)]	「ビッパー(ク)」
ca**b d**river	[kǽb dráivər]	→	[kædráivər]	「キャドライバー」
dee**p b**reath	[dí:p bréθ]	→	[dì:bréθ]	「ディーブレス」
ge**t d**own	[gét dáun]	→	[gèdáun]	「ゲッダウン」
lef**t t**urn	[léft tə́:rn]	→	[lèftə́:rn]	「レフターン」
sen**d b**ack	[sénd bǽk]	→	[sènbǽ(k)]	「センバッ(ク)」
wen**t d**own	[wént dáun]	→	[wèndáun]	「ウェンダウン」

(3) 破裂音の後に摩擦音が続く場合

firs**t s**tep	[fə́:rst stép]	→	[fə̀:rsté(p)]	「ファーステ(プ)」
las**t s**top	[lǽst stάp]	→	[læstά(p)]	「ラストッ(プ)」
sto**p s**moking	[stάp smóukiŋ]	→	[stὰsmóukin]	「スタッスモウキン」
jo**b h**ung	[dʒɔ́b hʌ́ntiŋ]	→	[dʒɔ̀hʌ́ntin]	「ジョッハンティン」
look**ed f**ine	[lúkt fáin]	→	[lùkfáin]	「ルクファイン」

(4) 破裂音の後に破擦音が続く場合

bi**g ch**ance	[bìg tʃǽns]	→	[bìtʃǽns]	「ビッチャンス」

(5) 破裂音の後に側音が続く場合

goo**d l**uck	[gùd lʌ́k]	→	[gùlʌ́(k)]	「グッラ(ク)」

(6) 破裂音の後に鼻音が続く場合

ol**d m**an	[óuld mǽn]	→	[òulmǽn]	「オールマン」
goo**d n**ight	[gúd náit]	→	[gùnái(t)]	「グッナイ(ト)」
goo**d n**ose	[gúd nóuz]	→	[gùnóuz]	「グッノウズ」
goo**d m**orning	[gúd mɔ́:rniŋ]	→	[gùmɔ́:rnin]	「グッモーニン(グ)」
len**d m**e ...	[lénd mi]	→	[lénmi]	「レンミ」
bi**g m**istake	[bìg mistéik]	→	[bìmistéi(k)]	「ビッミステイ(ク)」
ge**t m**arried	[gét mǽrid]	→	[gèmǽri(d)]	「ゲッマリ(ド)」
le**t m**e ...	[lét mi]	→	[lémi]	「レミ」
a lo**t m**ore	[ə lάt mɔ́:r]	→	[əlαmɔ́:r]	「アラモア」
Don'**t m**ind.	[dóunt máind]	→	[dòunmáin]	「ドンマイ(ド)」

(7) 破裂音の後に半母音が続く場合

| last week | [lǽst wíːk] | → | [lǽswíː(k)] | 「ラスウィー(ク)」 |
| step one | [stép wʌ́n] | → | [stèwʌ́n] | 「ステワン」 |

(8) 摩擦音の後に摩擦音が続く場合

this shop	[ðís ʃáp]	→	[ðìʃáp]	「ズィシャ(プ)」
this shiny ...	[ðís ʃáini]	→	[ðìʃáini]	「ズィシャイニィ」
tennis shoes	[ténis ʃúːz]	→	[tèniʃúːz]	「テニシューズ」
space shuttle	[spéis ʃʌtl]	→	[spéiʃʌtl]	「スペイシャトル」
was sitting	[wəz sítiŋ]	→	[wəsítin]	「ワスィティン」

(9) 代名詞 he・his・him・her などの発音されない[h]

　代名詞の[h]の音は、子音に続く場合には弱く発音されることや、まったく発音されないことがあります。

I met him yesterday. 　（「私は昨日彼に会った。」）

　個々の単語を不自然にゆっくり発音すると[ái mét hím]になり、カタカナ表記では「アイ　メット　ヒム」に近い音です。しかし、日常会話の中で自然のスピードで発話される場合には、met[mét]の破裂音[t]が子音で、その後に代名詞 him が続くので、[hím]の[h]や[hi]が発音されずに脱落することがあります。つまり、[ái mètim]や[ái mètm]と発音されて、「アイメティム」や「アイメトム」に近い音になります。

[h]が脱落する例

ca<u>ll h</u>im	[kɔ́:l hím]	→	[kɔ́:lim]	「コーリム」
gi<u>ve h</u>er	[gív hə́:r]	→	[gívə:r]	「ギバァ」
ta<u>ke h</u>is	[téik hiz]	→	[téikiz]	「テイキズ」
te<u>ll h</u>er	[tél hə́:r]	→	[télər]	「テラ」
want <u>h</u>im	[wánt him]	→	[wántim]	「ウォンティム」
on <u>h</u>er own	[ɑn hə́:r óun]	→	[ənəróun]	「オナロウン」

(10) 聞こえない、あるいは脱落する子音 [d]・[h]・[l]・[ð]

　話すスピードが速くなると、語尾の音以外にも子音が弱く発音されて聞こえないことや、まったく発音されずに消えてしまうことがあります。

a<u>d</u>vantage	[ədvǽntidʒ]	→	[əvǽntidʒ]	「アバンティジ」
re<u>h</u>abilitation	[rì:həbilitéiʃən]	→	[rì:əbilitéiʃən]	「リーアビリテイション」
of <u>th</u>em	[ʌ́v ðém]	→	[əvém]	「オブエム」
a<u>l</u>ways	[ɔ́:lweiz]	→	[ɔ́:weiz]	「オーウェイズ」
a<u>l</u>most	[ɔ́:lmoust]	→	[ɔ́:mous(t)]	「オーモス(ト)/アモス」*
a<u>ll</u> right	[ɔ́:l ráit]	→	[ɔ́:rái(t)]	「オーライ(ト)」*

＊語尾の破裂音[t]が破裂せずに消えることがあります。

4．アクセント

　日本語で「アクセント」は「訛り」の意味で使われますが、英語でも "She speaks English with a French accent.（「彼女の英語はフランス語訛りです。」）" という意味で使われます。また、英語ではアクセントは「強勢＝ストレス（stress）」の意味で使われます。

　「強勢＝ストレス」の意味で使われる場合には、「アクセント」とは他よりもある部分を際立たせて強調することを意味します。「アクセント」のない個所は弱くあいまいに早く発音されます。1つの単語自体にも「アクセント」は存在しますが、文レベルでも「アクセント」は存在します。1つの単語の中で母音のある個所を他の箇所よりも強く発音する「**単語レベルでのアクセント**」や、文の中である単語を他の単語よりも強く発音する「**文レベルでのアクセント**」によって、英語独特のリズムが生まれるのです。

　英語で言う「**アクセント**」は、日本語では主に単語に対しての「**声の高低**」のことを言います。例えば日本語では、「あめ」は、声が低音から高音へ移行すれば（↗）「飴」を意味し、声が高音から低音へ移行すれば（↘）「雨」を意味します。「はし」は、声が低音から高音へ移行すれば（↗）「橋」を、高音から低音へ移行すれば「箸（↘）」を意味します。しかし、文レベルでは日本語はアクセントを付けずに、単調に発音されます。

　日本滞在が永く、流暢な日本語を話す英米人の中にも、この英語独特のアクセントで特徴的な日本語を話す人がいます。これは、英語では単語に現れるアクセントが文レベルでも現れてリズムを生み出すという英語独特の話し方から抜け出せないために起こるものと考えられます。したがって、英語を学ぶ場合には、逆にこのアクセントを身につければ良いことになります。

(1) 文レベルでのアクセント

　文レベルでアクセントが付くのは、通常単語自体に意味があり、メッセージを伝える役割をする「内容語」と呼ばれるもので、「名詞」・「動詞」・「形容詞」・「副詞」・「疑問詞」などがそれにあたります。意味の上で重要な役割をする「内容語」は、強勢部分として長く強く発音されます。

　文法機能を持つ「前置詞」・「冠詞」・「代名詞」・「助動詞」・「接続詞」・「関係詞」などは、「機能語」と呼ばれて、通常アクセントは付かずに弱く短く発音されます。しかし、強調や対比などの場合には、「機能語」でも強形で、強く発音されることがあります。

★自己紹介の際に使われる表現を使って、**文レベルでのアクセント**について考えてみましょう！

　例えば、"My **name** is **Brenda Smith**.（「私の名前はブレンダ・スミスです。」）"という英文があります。

　この文が単独で使われる場合には、「名前」と「ブレンダ」と「スミス」が重要な意味を持つので、"name"と"Brenda"と"Smith"が強く発音されます。その中でも、一番重要な意味を持つ「姓」を表す"Smith"が最も強く発音されます。

　しかし、実際の会話では、話の流れの中で重要な意味を持つ部分が変わることがあります。通常あいまいに発音される「機能語」でも、重要な役割をする場合には強く発音されます。

　例えば、"My name is Brenda Smith.　What's **your** name?（「私の名前はブレンダ・スミスです。あなたの名前は？」）"という表現では、「あなたの」が重要な意味を持つために、「機能語」である代名詞 your が強く発音されることになります。
　つまり、同じ内容の英文でも、状況に応じてアクセントが変わるわけです。聞き手にとって既知のことに関しては適当な言い方になり、聞き手が知らない未知のことや話し手との間に共通の知識がないこと、あるいは強調したいことなどに関して

は、強いアクセントを用いて発音されるのです。

　同じ文章でも、どこに最も強いアクセントを置くかによってメッセージが変わります。例えば、"**Would you like to go to his concert tomorrow?**" という文章で考えてみましょう！

① Would **you** like to go to his concert tomorrow?
　　"you" にアクセントを置いた場合には、明日行われる彼のコンサートについては既に話し合われていて、「あなた」は知っている状況です。質問者自身を含めた「他の人」の気持ちは既にわかっているか、「他の人」の気持ちはさておいて、「あなた」自身は行きたいのかどうなのかを問う文になります。

② Would you like to go to **his** concert tomorrow?
　　"his" にアクセントを置いた場合には、明日行われるコンサートについては既に話し合われていて、コンサートに行く気持ちがある相手に「彼の」コンサートに行く気があるのかどうかを聞き出す質問文になります。

③ Would you like to go to his concert **tomorrow**?
　　"tomorrow" にアクセントを置いた場合には、彼のコンサートに行くことは話し手と聞き手の間で既に合意されているので、「時」に焦点を当てて「明日」を提示しています。

④ Would you like to go to his **concert** tomorrow?
　　"concert" にアクセントを置いた場合には、明日彼が行う何らかのアクティビティに行くことは話し手と聞き手の間で既に合意されていて、ここで初めてそれが「コンサート」であることが聞き手に明示されます。そして、その上で相手の意志を問う質問文です。

⑤ Would you like to **go** to his concert tomorrow?
　　"go" にアクセントを置いた場合には、明日彼がコンサートを行うという情報を話し手と聞き手の両方が共有していて、ここで聞き手に「行く」意志があるのかどうかを問うています。

(2) 単語レベルでのアクセント

　英語の単語は「**母音**」によって区切られますが、その区切られた部分を「**音節**」と言います。1つの単語の中に母音が1つしかない場合は「**単音節**」と呼ばれて、アクセントはその母音1つに置かれて、他の音よりも強く長めに発音されます。また、母音が2つ続いている場合には「**二重母音**」と呼ばれて、1つの音として扱われます。

　1つの単語の中に母音が2つ以上ある場合は「**多音節**」と呼ばれます。アクセントが2つ以上になり、最も強く発音される「第1アクセント」とその次に強く発音される「第2アクセント」を持つ単語もあります。

　また、母音にアクセントがない音節は「**弱音節**」と呼ばれます。アクセントが置かれないために、その母音は短く弱く発音されるので聞き取りにくい音となります。

　例えば、同じ「語幹」の"person"という単語に、接尾辞"al"と"nel"をそれぞれつけて出来た2つの単語、"person**al**"と"person**nel**"について考えてみましょう。

　"personal"は、pers<u>o</u>n<u>al</u>[pə́:(r)sənəl]と母音が3つあるので、3音節の単語です。2番目と3番目の母音[ə]は、「あいまい母音」と呼ばれる「弱母音」で、軽く弱く発音されます。ここでは、最初の長母音[e:]にのみアクセントがあります。

　一方、同じように"personnel"も、p<u>e</u>rs<u>o</u>n<u>ne</u>l[pə̀:(r)sənél]と母音が3つあるので、3音節の単語です。やはり、2番目の母音[ə]が「弱母音」の「あいまい母音」なのでアクセントは付きません。最初の母音[ə:]は、「あいまい母音」が長く伸びた長母音なのでアクセントは付きますが、第2アクセントになります。最も強い第1アクセントは3番目の母音[e]にあります。

(3) 数字のアクセント

　単語レベルでのアクセントを間違えると大きな誤解が生じる例の一つに、「数字」があります。

　例えば、「16」と「60」という2つの数字を比べてみることによって、「数字のアクセント」について考えてみましょう。
　「16」は "sixteen" で、[sìkstíːn]と発音します。アクセントが2つありますが、第1アクセントは "teen[tíːn]" の[íː]に、第2アクセントは "six[sìks]" の[ì]に付いています。
　一方「60」は "sixty" で、[síksti]と発音します。ここでは、最初の母音[í]にのみアクセントが付きます。
　「16」と「60」では、数字自体が持つ意味に大きな違いがあります。アクセントを間違えてしまうと、情報を正しく伝えることができなくなります。アクセントが情報伝達の鍵を握るわけです。

　しかし、文レベルで数字を「対比」する場合には、アクセントの位置が変わるので注意が必要です。次のような会話文について考えてみましょう！

A: "**How many** are in your club?"　　　　（「クラブには何人いるの？」）
B: "Thirteen."　　　　　　　　　　　　　（「13 人です。」）
A: "Did you say <u>thir</u>teen or <u>four</u>teen?"　　（「13 人、それとも 14 人て言った？」）

　この会話文では、数字を聞きのがした「A」が「B」に対して2つの数字を提示して聞き返しています。この場合には2つの数字が対比されているので、アクセントの位置が「単語レベル」で発話される場合とは異なります。通常 "thirteen" は[θəːrtíːn]と発音され、"fourteen" は[fɔːrtíːn]と発音されて、それぞれ[tíːn]にアクセントが付きます。しかし、ここでは "teen" が共通で、聞き手によって対比されているのが "thir" と "four" なので、この部分がそれぞれ強調されます。したがって、アクセントの位置が[θə́ːr]と[fɔ́ːr]に変わって、[θə́ːrtìːn]と[fɔ́ːrtìːn]のように発音されます。

（4）品詞を変えるアクセント

　英語の日常会話の中では、アクセントの弱い母音、あるいはアクセントのない箇所があいまいにされて、短く弱く発音されます。

　英語には、スペルが同じ単語でも、アクセントの位置によって品詞が変わるものがあります。次の組み合わせの例は、アクセントが最初の母音にあるのが**名詞**で、アクセントが後の母音にあるのが**動詞**です。また、アクセントの位置が変わることによって、音にも変化が生まれます。

escort	[éskɔ:rt]	「エスコート」	—	escort	[eskɔ́:rt]	「エスコートする」
decrease	[dí:kri:s]	「減少」	—	decrease	[dikrí:s]	「減少する」
increase	[ínkri:s]	「増加」	—	increase	[inkrí:s]	「増加する」
desert	[dézərt]	「砂漠」	—	desert	[dizə́:rt]	「捨てる」
progress	[prágres]	「進歩」	—	progress	[prəgrés]	「進歩する」
project	[prɔ́dʒekt]	「計画」	—	project	[prədʒékt]	「計画する」
protest	[próutest]	「抗議」	—	protest	[prətést]	「抗議する」

（5）複合名詞

　２つ以上の単語が結合して、**１つの名詞**になるものを「**複合名詞**」と言います。２つの単語にはそれぞれアクセントがありますが、通常前の単語に第１アクセントがあり、後の単語に第２アクセントがあります。

　単なる**名詞句**や、２つの単語が結びついて形容詞・副詞・動詞の働きをする**合成語**とはアクセントのパターンが異なるので、注意が必要です。

airport	[éərpɔ̀:rt]	「空港」
baseball	[béisbɔ̀:l]	「野球」
bedroom	[bédrù:m]	「寝室」
bedtime	[bédtàim]	「就寝時間」
birthday	[bə́:rθdèi]	「誕生日」
borderline	[bɔ́:rdərlàin]	「境界線」

briefcase	[brí:fkèis]	「ブリーフケース」
darkroom	[dá:rkrù:m]	「暗室」
downstairs	[dáunstèərz]	「階下へ」
goldfish	[góuldfìʃ]	「金魚」
grandfather	[grǽndfà:ðər]	「祖父」
greenhouse	[grí:nhàus]	「温室」
handcream	[hǽndkrì:m]	「ハンドクリーム」
homework	[hóumwɚ̀:rk]	「宿題」
honeymoon	[hʌ́nimù:n]	「ハネムーン」
housekeeping	[háuskì:pin]	「家事」
keyboard	[kí:bɚ̀:rd]	「キーボード」
lighthouse	[láithàus]	「燈台」
machinegun	[məʃí:ngʌ̀n]	「機関銃」
network	[nétwɚ̀:rk]	「ネットワーク」
shoemaker	[ʃú:mèikər]	「靴屋」
shopkeeper	[ʃápkì:pər]	「店主」
sightseeing	[sáitsì:in]	「観光」
underground	[ʌ́ndərgràund]	「地下鉄」
weekday	[wí:kdèi]	「週日」

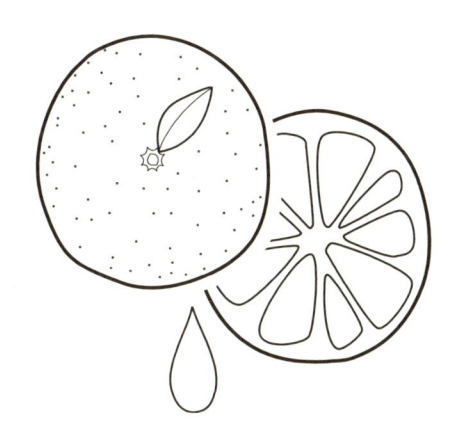

(6) 名詞＋名詞

　名詞が２つ連続して並ぶ場合には、最初の名詞は次の名詞を修飾する「**形容詞**」の働きをします。その場合には、強勢アクセントをどこに置くかによって意味が異なります。
　最初の単語にのみ強勢アクセンを置く場合には、２つ以上の単語で構成された「**複合語**」のように、１つの単語として扱われます。

例文 1.　　This is an Énglish textbook.
例文 2.　　This is an Énglish téxtbook.

　例文１と２は全く同じ文章で、「目」で「文字」として見た場合には何の違いもありません。しかし、「耳」で「音」として聞いた場合には、アクセントの位置が異なるために、相手に伝わる意味も違います。

　English が **textbook** を修飾する「形容詞」の役割をすることに変わりはないのですが、アクセントの位置によって２つの異なる意味を表します。

　例文１では、最初の単語 "English" にアクセントをつけて "Énglish textbook" となり、[íŋglɪʃ tèkstbuk]と発音されます。最初の単語だけに強勢アクセントが付くので、１つの複合語のように扱われます。"English" の部分がクローズアップされて強調されているので、「**英語の教科書**」という意味になります。

　例文２では、"Énglish téxtbook" と両方の単語に同じ強勢アクセントをつけているので、[íŋglɪʃ tèkstbùk]と発音されます。２つの単語 "English" と "textbook" が「**対等**」な関係なので、「**英国の教科書**」という意味になります。つまり、「英語」とは限らずに、「フランス語の教科書」や「数学の教科書」など「英国で出版されている教科書」を意味することになります。

(7) 現在分詞＋名詞

　第1アクセントは名詞に、第2アクセントは現在分詞にあります。現在分詞の部分は、後に続く名詞の「**動作**」や「**状態**」を表します。

a slèeping **báby**　　　　　「眠っている赤ちゃん」
a smòking **róom**　　　　　「煙を出している部屋」
a wàlking **díctionary**　　　「歩く辞書」

例文）He knows everything, so he is called <u>a walking **dictionary**</u>.
　　　「彼は何でも知っているので、<u>歩く**辞書**</u>と呼ばれています。」

(8) 動名詞＋名詞

　第1アクセントは動名詞に、第2アクセントは名詞にあります。動名詞の部分は、後に続く名詞の**目的**（「〜するための」）や**用途**（「〜用の」）を表します。

drínking wàter　　　　　「飲料水」
a **líving** ròom　　　　　　「居間」
a **séwing** machìne　　　　「ミシン」
a **sínging** tèacher　　　　「歌の先生」
a **sléeping** càr　　　　　　「寝台車」
a **smóking** ròom　　　　　「喫煙室」
a **vísiting** càrd　　　　　　「名刺」
a **wálking** stìck　　　　　　「歩行用ステッキ、杖」
a **wáiting** ròom　　　　　「待合室」
a **wáshing** machìne　　　　「洗濯機」

例文）As he is getting older, he goes out with <u>a **walking** stick</u>.
　　　「彼は年をとってきたので、杖を持って外出します。」

(9) 機能語の強形と弱形

　機能語は、通常はアクセントが付かないので、「弱形」で短かく弱めに発音されます。しかし、強調や対比などの場合には、「強形」でアクセントが付くので、やや長めに強くはっきりと発音されることがあります。

単語	[強形]	[弱形]
am	[ǽm]	[əm/m]
is	[íz/ìz]	[əz/z/s]
are	[á:(r)]	[ə(r)]
was	[wáz]	[wəz]
were	[wə́:]	[wə/ə]
been	[bí:n]	[bin]
do	[dú:]	[də]
does	[dʌ́z]	[dəz/dz]
did	[díd]	[di]

　　　　cf. He doesn't play golf, <u>does</u> he? [dʌ́z]　（「彼はゴルフをしないよね？」）
　　　　cf. She <u>did</u> join us!　　　　　[díd]　（「彼女は確かに参加したよ！」）

have	[hǽv]	[həv/əv/v]
has	[hǽz]	[həs/əz/z/s]
had	[hǽd]	[həd/əd/d]
can	[kǽn]	[kən/kn]
could	[kúd]	[kəd]
will	[wíl]	[wəl/əl/l]
would	[wúd]	[wəd/əd/d]
shall	[ʃǽl]	[ʃəl]
should	[ʃúd]	[ʃəd/ʃd]
must	[mʌ́st]	[məs(t)]

I came	[ái kéim]	[əkeim]
me	[mí:]	[mi]
you	[jú:]	[jə]
your	[jɔ́:/júər]	[jə]
we	[wí:]	[wi]
us	[ʌ́s]	[əs/s]
he	[hí:]	[hi/i]
his	[híz]	[iz]
him	[hím]	[im/m]
she	[ʃí:]	[ʃi]
her	[hə́:r]	[hə/ə]
them	[ðém]	[ðəm/əm]
at	[ǽt/æt]	[ət]
about	[əbàut]	[əbəu]
for	[fɔ́:]	[fər/fə]
from	[frʌm/frɑm]	[frəm]
of	[áv/ʌ́v]	[əv]
on	[ɑ̀n]	[ən/n]
to	[tú:]	[tə/t]
a	[éi]	[ə]
an	[ǽn]	[ən/n]
the	[ðí:]	[ðə/ði]
any	[éni]	[əni/ni]
some	[sʌ́m]	[səm/sm]
such	[sʌ́tʃ]	[sətʃ]
and	[ǽnd]	[ənd/ən/nd/n]
but	[bʌ́t]	[bət]
as	[ǽz]	[əz/əs]
so	[sóu]	[sə]

55

or	[ɔ́ːr]	[ər/ə]
than	[ðǽn]	[ðən]
that	[ðǽt]	[ðət]
there	[ðéər]	[ðə]

5．音の連結 (Liaison)

　実際の会話やスピーチでは、話すスピードによって「音の変化」が起こります。「耳」で聞くと一つの単語のように聞こえるものが、「目」で見るといくつかの単語が並んでいるということがあります。これが、「目で見る英語」と「耳で聞く英語」との違いの一例ですが、頻繁に起きる現象です。

　書かれた「文字」として「目」で見る英語と、「音」として流れてくる「耳」で聞く英語に違いが起こるわけですが、この「音の変化」には一定の規則性があります。様々な形で起きる「音の変化」に慣れることが、英語を聞き取る上で大切な要素になります。

　英語のリーディングやライティングでは、相手のメッセージを読み取ったり、自分のメッセージを相手に伝えたりする際に、英語を「意味のかたまり」としてとらえます。しかし、音声英語では様々な音の変化の規則を頭に入れて、英語を「音のかたまり」としてとらえなければなりません。

　英語では、音の変化の一つとして、並んでいるいくつかの単語が境目なくつながって発音されることがあります。例えば、子音で終わる単語の直後に母音で始まる単語が続くと、通常この連続した2つの「子音」と「母音」が連結して発音されて、「連続音」となります。このように音声の規則に則って、2つ以上の単語が1つの単語のように発音されることを「**音の連結**」と言います。英語を「音のかたまり」としてとらえることができるためには、以下の様々な連結のパターンを理解する必要があります。

(1) 破裂音[p]・[t]・[k]・[b]・[d]・[g]＋母音の連結

[p]＋母音

u**p a**nd down	[ʎp ǽnd dáun]	→	[ʌpəndáun]	「アパンダウン」
kee**p o**n	[kíːp ɑn]	→	[kíːpɑn]	「キーポン」
kee**p i**n touch	[kíːp ín tʌtʃ]	→	[kíːpintʌtʃ]	「キーピンタッチ」
sto**p i**t	[stáp ít]	→	[stápi(t)]	「スタピッ(ト)」

[t] ＋母音

a**t** **a**	[ǽt ə]	→	[ətə]	「アタ」
no**t** **a**t all	[nǽt ǽt ɔ́:l]	→	[nǽtətɔ̀:l]	「ノタトール」
tha**t** **a**gain	[ðǽt əgén]	→	[ðǽtəgèn]	「ザタゲン」
ge**t** **o**ut **o**f	[gét áut ʌ́v]	→	[gétautʌ̀v]	「ゲタウタブ」
ge**t** **o**ver	[gét óuvər]	→	[gétòuvər]	「ゲトウヴァ」
go**t** **a**	[gát ə]	→	[gátə]	「ガタ」
go**t** **i**t	[gát ít]	→	[gátì(t)]	「ガティ(ト)」
le**t** **a**lone	[lét əlóun]	→	[lètəlóun]	「レタロウン」
pu**t** **i**t off	[pút ít ɔ́f]	→	[pútitɔ̀f]	「プティトフ/プリロフ」
pu**t** **i**t on	[pút ít án]	→	[pútitən]	「プティタン/プリロン」
pu**t** **u**p	[pút ʌ́p]	→	[pútʌ(p)]	「プタ(プ)」
se**t** **o**ff	[sét ɔ́f]	→	[sétɔ̀f]	「セトフ」
sor**t** **o**f	[sɔ́:rt ʌ́v]	→	[sɔ́:rtə̀v]	「ソータブ」

[k] ＋母音

chec**k** **o**ut	[tʃék áut]	→	[tʃékàu(t)]	「チェカウ(ト)」
chec**k** **i**t out	[tʃék ít áut]	→	[tʃékitàu(t)]	「チェキタウ(ト)」
li**ke** **i**t	[láik ít]	→	[láiki(t)]	「ライキッ(ト)」
ma**ke** **u**p	[méik ʌ́p]	→	[méikʌ(p)]	「メイカッ(プ)」
pic**k** **u**p	[pík ʌ́p]	→	[píkʌ(p)]	「ピカ(プ)」
ta**ke** **i**t	[téik ít]	→	[téiki(t)]	「テイキッ(ト)」
ta**ke** **o**ff	[téik ɔ́f]	→	[téikɔf]	「テイコフ」

[b] ＋母音

pu**b** **i**n	[pʌ́b ín]	→	[pʌ́bin]	「パビン」

[d] ＋母音

goo**d** **i**dea	[gúd aidíə]	→	[gùdaidíə]	「グッダイディア」
stan**d** **u**p	[stǽnd ʌ́p]	→	[stǽndʌ(p)]	「スタンダ(プ)」

[g]＋母音

king and queen [kíŋ ænd kwíːn] → [kíŋənkwìːn] 「キンガンクゥイーン」

(2) 鼻音[m]・[n]・[ŋ]＋母音の連結

[m]＋母音

come in	[kʌ́m ín]	→	[kʌ́min]	「カミン」
come on	[kʌ́m ɑ́n]	→	[kʌ́mən]	「カモン」
some of	[sʌ́m ɑ́v]	→	[sʌ́məv]	「サマブ」

[n]＋母音

an apple	[æn ǽpl]	→	[ənǽpl]	「アナプル」
an egg	[æn ég]	→	[əné(g)]	「アネ(グ)」*
in an hour	[ín æn áuər]	→	[ìnənáuər]	「イナナウア」
one of	[wʌ́n ɑ́v]	→	[wʌ́nəv]	「ワノブ」
none of	[nʌ́n ɑ́v]	→	[nʌ́nəv]	「ナノブ」
on earth	[ɑn ə́ːrθ]	→	[ɑnə́ːrθ]	「オナース」
in order	[ín ɔ́ːrdər]	→	[inɔ́ːrdər]	「イノーダ」
a pen and	[ə pén ænd]	→	[əpénən]	「アペナン」
within a month	[wíð ín ə mʌ́nθ]	→	[wíðinəmʌ́nθ]	「ウィズイナマンス」
soon after	[súːn ǽftər]	→	[sùːnǽftər]	「スーナフタ」
clean up	[klíːn ʌ́p]	→	[klíːnʌ(p)]	「クリーナ(プ)」*
done it	[dʌ́n ít]	→	[dʌ́ni(t)]	「ダニッ(ト)」*
mean it	[míːn ít]	→	[míːni(t)]	「ミーニィ(ト)」*
open it	[óupn ít]	→	[óupəni(t)]	「オウプニッ(ト)」*
seen all	[síːn ɔ́ːl]	→	[sìːnɔ́ːl]	「スィノール」
sign up	[sáin ʌ́p]	→	[sáinʌ(p)]	「サイナ(プ)」*
turn off	[tə́ːrn ɔ́f]	→	[tə̀ːrnɔf]	「ターノフ」
turn over	[tə́ːrn óuvər]	→	[tə̀ːrnóuvər]	「ターノバ」
Can I …?	[kǽn ái]	→	[kənái]	「カナイ」

*語尾の破裂音は破裂せずに消える傾向にあります。

(3) 側音[l]＋母音の連結

all alone	[ɔ́:l əlóun]	→	[ɔ́:ləlóun]	「オーラロウン」
a bottle of	[ə bátl áv]	→	[əbátləv]	「アバトラブ」
a couple of	[ə kʌ́pl áv]	→	[əkʌ́pləv]	「アカプラブ」
fill in	[fíl ín]	→	[fílən]	「フィリン」
tell a story	[tél ə stɔ́:ri]	→	[téləstɔ́:ri]	「テラストーリィ」
call again	[kɔ́:l əgén]	→	[kɔ̀:ləgén]	「コーラゲン」

(4) 半母音[r]＋母音の連結

a pair of	[ə péər áv]	→	[əpéərəv]	「アペアロブ」
clear up	[klíər ʌ́p]	→	[klíərʌ(p)]	「クリアラ(プ)」
care of	[kéər áv]	→	[kéərəv]	「ケアラブ」
cover up	[kʌ́vər ʌ́p]	→	[kʌ́vərʌ(p)]	「カバラ(プ)」
far away	[fá:r əwéi]	→	[fá:rəwèi]	「ファーラウェイ」
in favor of	[ín féivər áv]	→	[inféivərəv]	「インフェイバラブ」
wear out	[wéər áut]	→	[wéəràu(t)]	「ウェアラウ(ト)」
for a	[fɔ́:r ə]	→	[fɔ́:rə]	「フォーラ」
for instance	[fɔ́:r ínstəns]	→	[fɔ̀:rínstəns]	「フォーリンスタンス」
as a matter of	[ǽz ə mǽtər áv]	→	[əzəmǽtərəv]	「アザマタラブ」
more interesting	[mɔ́:r íntəristiŋ]	→	[mɔ̀:ríntəristin]	「モォーリンタリスティン」
after all	[ǽftər ɔ́:l]	→	[à:ftərɔ́:l]	「アフタロール」

(5) ＋冠詞 a/an

found a	[fáund ə]	→	[fáundə]	「ファウンダ」
had a	[hǽd ə]	→	[hǽdə]	「ハダ」
with a	[wíð ə]	→	[wíðə]	「ウィザ」
it's a	[íts ə]	→	[ítsə]	「イッツァ」
take an	[téik ən]	→	[téikən]	「テイカン」

★ 句レベルで、「音の連結」現象をみてみましょう！

「使い果たす」という意味の熟語 "run out of" は、ゆっくり丁寧に発音されると[rʌ́n áut ʌ́v]になり、カタカナ表記にすると「ラン アウト オブ」に近い音になります。基本単語で構成されているので、個々の発音は比較的聞き取りやすいものです。しかし、通常の会話では話すスピードによって「音の連結」が起こり、音の変化が起きます。

最初の単語 run の子音[n]の直後に out の母音[a]が続くので、run と out の２語が１語のように連結して発音されて [rʌ̀náut]になり、カタカナ表記では「ラナウト」に近い音になります。次に、out の子音[t]の直後に of の弱形・あいまい母音の[ə]が続くので out と of が１語のように連結して発音されて、「アウタブ」に近い音になります。結局、この３語は１語のように連結して[rʌ̀náutəv] と発音されて、「ラナウタブ」に近い音になります。

よく使われる口語表現に、「（今日は）この辺で終わりにする」という意味の４語、"call it a day" があります。

"call" の子音[l]の直後に it の母音[i]が続くので、２つの単語は連結して[kɔ́:lit]という発音になって、カタカナ表記にすると「コーリト」に近い音になります。

次に、it の子音[t]の直後に冠詞 a の母音[ə]が続くので、同様に連結して[kɔ́:litə]という発音になります。カタカナ表記では「コーリタ」に近い音です。

そして、母音[ə]の直後に day の子音[d]が続くので、やはり連結します。結局、この４語は１語のようにつながって[kɔ́:litədèi]と発音されます。カタカナ表記にすると、「コーリタデイ」に近い音になります。

しかし、「音の連結」の規則が定着していない場合には、"it a day" [itədèi]を [tədèi]という発音の "today" と聞き間違える可能性が高くなると言えます。"it a day" の発音では、最初の母音[i]にアクセントがないために、実際の発話では[i]は弱く軽く短く発音されます。したがって、[tədèi]のように聞こえて、today との区別が難しくなるわけです。

実際の日常会話などでは、通常「音の変化」が起きます。このような「音の連結」現象についての知識がなければ、瞬時に音を聞き取ることが難しいだけではなく、意味の推測も難しくなります。

★ 今度は、文章レベルでみてみましょう！

例）He read it over and over again. （「彼はそれを何度も何度も読んだ。」）

　スピーディに話される実際の会話では、主語に当たる"He"を除いた部分の"read it over and over again"という表現すべてに「**音の連結**」現象が起こります。

　子音で終わる単語と母音で始まる単語は連結されることから、"read[réd]"の語尾の子音[d]と、続く"it"の母音[i]とが連結されて"He read it"となり、[rédit]と発音されます。カタカナで表すと「レディット」に近い音になります。

　「何度も繰り返して」という意味の"over and over again"の部分は、４つの単語がすべて「母音」で始まり「子音」で終わるので、"over and over again"と連結して１つの単語のように発音されます。[ðuvərəndðuvərəgén]になり、カタカナ表記にすると「オウヴァランドウバラゲン」に近い音となります。

　また、主文の"He read it"と副詞句の"over and over again"は、itの子音[t]と"over"の母音[o]によって連結されることになります。

　　　　　　　　He read it over and over again.

つまり、この文は主語に当たる"He"と"read it over and over again"の２つの「音のかたまり」に分けられます。

　この段階になると、「**音の連結**」現象に関する知識がないと正確に聞き取ることは至難の業になります。くだけた表現を使い、あいまいに発音されやすい実際の日常会話では、この「音の連結」という現象はごく当たり前に頻繁に現れます。

6. 音の同化 (Assimilation)

　英語の会話では、隣り合う最初の単語の語尾の音と次に続く単語の語頭の音が、「新しい1つの音」を作ることがあります。また、1つの単語の中でも「新しい音」を作ることがあります。このような現象を「音」が「同化」すると言います。

　この「音の同化」は、唇が次に来る音の準備をしているので、舌の位置が単語の最後の音を発音する位置に行かないために起こります。ゆっくり丁寧に話しているときには現れないのですが、話し手が急いで早口で話す場合やくだけた日常会話の中ではよく起こる現象です。特にアメリカ英語では顕著な現象です。

代表的な同化現象

(1) [s] + [j] = [ʃ]

　[s]の音で終わる単語の直後に[j]の音で始まる単語が来る場合には、[s]は[ʃ]に変わります。例えば、"I'll miss you."という表現では、miss[mís]の[s]がyou[júː]の[j]の影響を受けて[ʃ]の音になり、[míʃuː]と発音されます。カタカナ表記にすると「ミシュ」に近い音になります。

例) I'm going to visit Paris this year.　　[ðís jíər] → [ðíʃíər]　　「ディシュイア」
　　in case you …　　　　　　　　　　　[kéis júː] → [kéiʃuː]　　「ケイシュ」
　　It takes you …　　　　　　　　　　　[téiks júː] → [téikʃuː]　　「テイクシュ」
　　God bless you.　　　　　　　　　　　[blés júː] → [bléʃuː]　　「ブレシュ」
　　I promise you.　　　　　　　　　　　[prámis júː] → [prámiʃuː]　「プロミシュ」
　　Yes, you can.　　　　　　　　　　　 [jés júː] → [jéʃuː]　　　「イエシュ」

(2) [z] + [j] = [ʒ]

　[z]の音で終わる単語の直後に[j]の音で始まる単語が来る場合には、[z]は[ʒ]に変わります。例えば、"as yet [æz jét]"の場合には、as[æz]の[z]の音とyet[jét]の[j]の音が互いに影響を受けて[ʒ]という1つの音になって、[əʒét]と発音されます。「アジェット」のように聞こえます。

例） Has your mother come back? [hæz júər] → [hæʒúər] 「ハジュア」
His success will please you. [plíːz júː] → [plíːʒu] 「プリージュ」
Does your …? [dʌz júər] → [dʌʒər] 「ダジャ」
as you like [æz júː] → [əʒúː] 「アジュ」
as usual [æz júːʒuəl] → [əʒúːʒuəl] 「アジュジュアル」

(3) [t]+[j]=[tʃ]

　最初の単語が[t]の音で終わり、続く次の単語が[j]の音で始まる場合は、その連続する2つの音が[tʃ]という新しい音になります。例えば、"not yet [nát jét]" のように、notの[t]の音にyetの[j]の音が続く場合には、連続する2つの音[t]と[j]は[tʃ]という1つの音になって、[nátʃet]と発音されます。「ノッチェト」のように聞こえます。

例）I'll be in my sophomore year at Boston next year.
　　　　　　　　　　　　[nékst jíər] → [nékstʃíər]　　　「ネクスチィア」
You went to London last year, didn't you?
　　　　　　　　　　　　[láːst jíər] → [láːstʃíər]　　　「ラースチィア」
　　　　　　　　　　　　[dídnt júː] → [dídntʃuː]　　　「ディドゥンチュ」
Aren't you cold? [áːnt júː] → [áːntʃuː] 「アーンチュ」
Don't you like it? [dóunt júː] → [dóuntʃuː] 「ドゥンチュ」
Won't you join us? [wóunt júː] → [wóuntʃuː] 「ウォンチュ」
How about you? [əbáut júː] → [əbáutʃuː] 「アバウチュ」
Nice to meet you. [míːt júː] → [míːtʃuː] 「ミーチュ」
might you … [máit júː] → [máitʃuː] 「マイチュ」
want you … [wánt júː] → [wántʃuː] 「ウォンチュ」
hit you … [hít júː] → [hítʃuː] 「ヒッチュ」
Shut your mouth. [ʃʌt júər] → [ʃʌtʃuər] 「シャチュア」

(4) [d]＋[j]＝[dʒ]

最初の単語が[d]の音で終わり、続く次の単語が[j]の音で始まる場合は、その連続する2つの音が[dʒ]という新しい音になります。例えば、助動詞の Did、Could、Would、Should などに主語 you が続く疑問文では、助動詞の語尾の音[d]と you の[j]の音が1つの音になって、[dʒ]という音に変化します。「ジュ」に近い音に聞こえます。

例）Would you like a cup of coffee?

	[wúd júː]	→ [wudʒúː/wúdʒuː]	「ウジュ」
Did you … ?	[díd júː]	→ [dídʒuː]	「ディジュ」
Should you …	[ʃúd júː]	→ [ʃúdʒuː]	「シュジュ」
Could you … ?	[kúd júː]	→ [kúdʒuː]	「クッジュ」
send you …	[sénd júː]	→ [séndʒuː]	「センジュ」
and yet …	[ǽnd jét]	→ [ǽndʒe(t)]	「アンジェッ(ト)」

(5) [n]＋[t]＝[n]

母音の後に[n]と[t]が続くと、[n]と[t]の2つの音が[n]という音に一体化して発音されます。アメリカ英語で頻繁に起きる「音の変化」の現象です。

center	[séntər]	→ [sénər]	「セナ」
enter	[éntər]	→ [énər]	「エナ」
internet	[íntərnét]	→ [ínərné(t)]	「イナネッ(ト)」
identity	[aidéntəti]	→ [aidénəti]	「アイデナティ」
twenty	[twénti]	→ [twéni]	「トウェニィ」
winter	[wíntər]	→ [wínər]	「ウィナ」
want	[wánt]	→ [wán]	「ワォン」
wanted	[wántid]	→ [wóni(d)]	「ウォニ(ド)」
isn't it?	[íznt it]	→ [ízni(t)]	「イズニッ(ト)」

(6)「熟語」として使われる表現

want to	[wánt túː]	→	wanna	[wánə]	「ワナ」
going to	[góuiŋ túː]	→	gonna	[gɔ́nə]	「ゴナ」
got to	[gát túː]	→	gotta	[gátə]	「ガタ」

(7) 隣の音の影響で、有声音 → 無声音へ

① [t]が[z]に影響を与える! [z] → [s]
  has to [hǽz tú] → [həs tu] →hasta [hǽstə]「ハスタ」/ [hǽstu]「ハスツ」

② [t]が[v]に影響を与える! [v] → [f]
  have to [hǽv tú] → [həf tu] →hafta [hǽftə]「ハフタ」/ [hǽftu]「ハフツ」

③ [t]が[d]に影響を与える! [d] → [t]

had to	[hǽd tú]	→	hata	[hǽtə]「ハタ」/ [hǽtu]「ハッツ」
ought to	[ɔ́ːt tú]	→	oughta	[ɔ́ːtə] 「オータ」
used to	[júːst tú]	→	usta	[júːstə] 「ユスタ」

④ [k]が[v]に影響を与える! [v] → [f]
  of course [əv kɔ́ːrs] → [əf kɔ́ːrs] →[əfkɔ́ːrs]「オフコース」

(8) 隣の音の影響で、無声音 → 無声音へ

① [p]が[t]に影響を与える! [t] → [p]

| that point | [ðǽt pɔ́int] | → | [ðǽppɔ́int] | 「ザプポイント」 |
| right place | [ráit pléis] | → | [ráippléis] | 「ライププレイス」 |

② [b]が[t]に影響を与える! [t] → [p]

| fat boy | [fǽt bɔ́i] | → | [fǽpbɔ́i] | 「ファプボイ」 |

| that boy | [ðǽt bɔ́i] | → | [ðǽpbɔ́i] | 「ザプボイ」 |
| that book | [ðǽt búk] | → | [ðǽpbúk] | 「ザプブク」 |

(9) 隣の音の影響で、無声音[t] → 有声音[d]へ

無声音[t]の前にアクセントのある母音があって、その後にアクセントのない母音が続く場合には、無声音[t]が有声音[d]に変わって「ダ行」の音のように発音されます。

（単語）	（発音記号）		（音声変化）	（カタカナ読み）
better	[bétər]	→	[bédər]	「ベダ」
butter	[bʌ́tər]	→	[bʌ́dər]	「バダ」
city	[síti]	→	[sídi]	「スィディ」
computer	[kəmpjúːtər]	→	[kəmpjúːdər]	「コンピューダ」
eighty	[éiti]	→	[éidi]	「エイディ」
literature	[lítərətʃùər]	→	[lídərətʃùər]	「リダラチュア」
later	[léitər]	→	[léidər]	「レイダ」
latter	[lǽtər]	→	[lǽdər]	「ラダ」
letter	[létər]	→	[lédər]	「レダ」
little	[lítl]	→	[lídl]	「リドル」
sister	[sístər]	→	[sísdər]	「スィスダ」
spaghetti	[spəgéti]	→	[spəgédi]	「スパゲディ」
sweater	[swétər]	→	[swédər]	「スウェダ」
matter	[mǽtər]	→	[mǽdər]	「マダ」
pretty	[príti]	→	[prídi]	「プリディ」
right away	[ráit əwèi]	→	[ráidəwèi]	「ライダウエイ」
not at all	[nát ət ɔ́ːl]	→	[nádədɔ́ːl]	「ノダドール」
what about	[hwʌ́t əbàut]	→	[hwʌ́dəbàu(t)]	「ワダバウ(ト)」
get out	[gét aut]	→	[gédau(t)]	「ゲダウ(ト)」
got it	[gát it]	→	[gádi(t)]	「ガディッ(ト)」
cut up	[kʌ́t əp]	→	[kʌ́də(p)]	「カダッ(プ)」
sat up	[sǽt əp]	→	[sǽdə(p)]	「サダッ(プ)」

7．短縮形 (Contraction)

　主語が be 動詞や助動詞などと一体になって、短縮された形で発音されることがありますが、実際の会話では頻繁に起きる現象です。
　短縮形は、省略記号の**アポストロフィ**「'」で表されます。短縮形という形をとることによって、2つの単語が1つの単語のように聞こえます。
　目で見る場合には理解しやすいのですが、短縮形の箇所は弱く発音されるために、耳で音として聞く場合には意外に聞き取りにくいものです。

(1) 主語 ＋ 助動詞や be 動詞

　名詞・代名詞・疑問詞などの主語と助動詞や be 動詞が結び付いて、1つの単語として発話される場合には、次の語尾の音が軽く弱く発音されて、音が変化します。

① [ər]の音 ･･･ 代名詞 ＋ **are / were**

you + are/were	[júː ɑːr/wə́ːr]	→	you're	[júː(ː)ər]
we + are/were	[wíː ɑːr/wə́ːr]	→	we're	[wíː(ː)ər]
they + are/were	[ðéi ɑːr/wə́ːr]	→	they're	[ðéiər]
what + are/were	[hwɑ́t ɑːr/wə́ːr]	→	what're	[hwɑ́tər]

② [s]の音 ･･･ 代名詞 ＋ **has / is / was**

it + has/is/was	[ít hǽz/íz/wɑ́z]	→	it's	[íts]
that + has/is/was	[ðǽt hǽz/íz/wɑ́z]	→	that's	[ðǽts]
what + has/is/was	[hwɑ́t hǽz/íz/wɑ́z]	→	what's	[hwɑ́ts]

③ [z]の音 ･･･ 代名詞 ＋ **has / is / was**

he + has/is/was	[híː hǽz/íz/wɑ́z]	→	he's	[híː(ː)z]
she + has/is/was	[ʃíː hǽz/íz/wɑ́z]	→	she's	[ʃíː(ː)z]
here + has/is/was	[híər hǽz/íz/wɑ́z]	→	here's	[híərz]
there + has/is/was	[ðéər hǽz/íz/wɑ́z]	→	there's	[ðéərz]
who + has/is/was	[húː hǽz/íz/wɑ́z]	→	who's	[húːz]
where + has/is/was	[hwéər hǽz/íz/wɑ́z]	→	where's	[hwéərz]

when + has/is/was	[hwén hǽz/íz/wɑ́z]	→	when's	[hwénz]
how + has/is/was	[háu hǽz/íz/wɑ́z]	→	how's	[háuz]

＊注意！省略形「〜's」は、is と has の両方の省略形です。意味を考えて、どちらの省略形なのかを区別する必要があります。

＊間違いやすい組み合わせ

you're	[jú(:)ər]	—	your	[júər]
they're	[ðéiər]	—	there	[ðéər]
he's	[hí(:)z]	—	his	[híz]
who's	[hú:z]	—	whose	[hú:z]
boy's	[bɔ́iz]	—	boys	[bɔ́iz]

④ [d]の音 … 代名詞 ＋ had / would / could / should

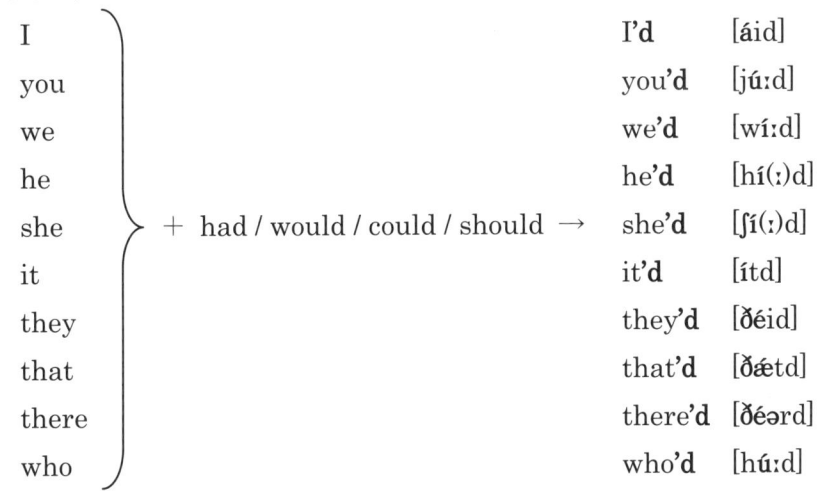

I, you, we, he, she, it, they, that, there, who ＋ had / would / could / should →

I'd	[áid]
you'd	[jú:d]
we'd	[wí:d]
he'd	[hí(:)d]
she'd	[ʃí(:)d]
it'd	[ítd]
they'd	[ðéid]
that'd	[ðǽtd]
there'd	[ðéərd]
who'd	[hú:d]

⑤ [v]の音 … 代名詞 ＋ have

I ＋ have	[ái hǽv]	→	I've	[áiv]
you ＋ have	[jú: hǽv]	→	you've	[jú:v]
we ＋ have	[wí: hǽv]	→	we've	[wí:v]
they ＋ have	[ðéi hǽv]	→	they've	[ðéiv]

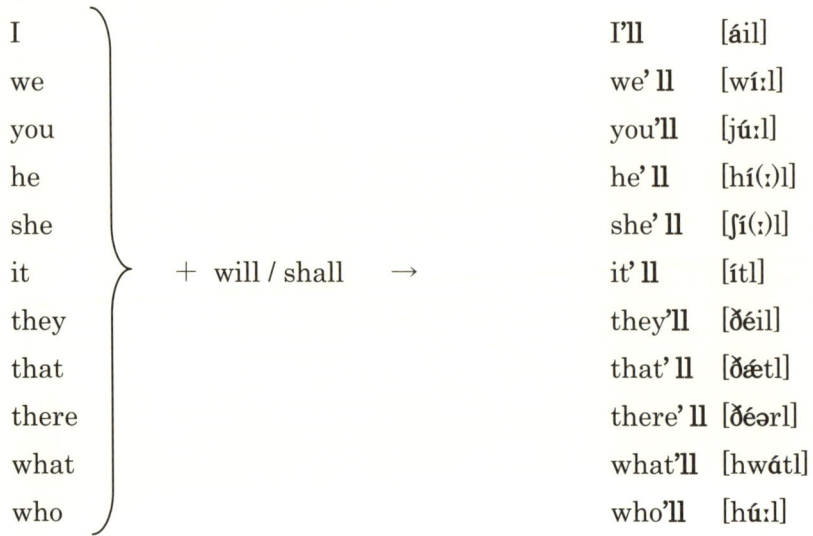

⑥ [l]の音 … 代名詞 ＋ will / shall

I	I'll	[áil]
we	we'll	[wíːl]
you	you'll	[júːl]
he	he'll	[hí(ː)l]
she	she'll	[ʃí(ː)l]
it ＋ will / shall →	it'll	[ítl]
they	they'll	[ðéil]
that	that'll	[ðǽtl]
there	there'll	[ðéərl]
what	what'll	[hwátl]
who	who'll	[húːl]

＊通常の[l]の発音は、舌先を上の歯茎の真ん中あたりに付けて、舌の両側から出る息によって音を出します。ところが、「代名詞＋will/shall」の短縮形の中で使われる[l]の音は、弱く暗い感じの音で[u]に近い音に変形します。カタカナ表記では、「ル」というよりも「ウ」に近い音になります。例えば、I'll は「アイウ」に、you'll は「ユウウ」に近い音になります。

＊間違いやすい組み合わせ

we'll　[wíːl]　　—　　will　[wíl]

(2) 助動詞や be 動詞＋not の短縮形

　否定の語尾 "n't [nt]" の発音の最後に来る子音[t]の音は、軽く弱く発音されるか、音そのものが消える傾向にあります。ただし、否定形 not の短縮形である助動詞そのものは、「否定」の意味を表すために強く発音されます。

① I'm not[áim nát] / isn't[íznt] / aren't[áːrnt] / wasn't[wʌ́z(ə)nt] / weren't[wə́ːrnt]

　　Cf. He isn't happy now.　　　　　→　　　[ízn(t)]

② don't [dóunt] / doesn't [dʌznt] / didn't [dídnt]

　　Cf. She doesn't care.　　　　　　→　　[dʌzn(t)]

③ haven't [hǽvnt] / hasn't [hǽznt] / hadn't [hǽdnt]

　　Cf. I haven't seen him for a long time.　→　[hǽvn(t)]

④ won't [wóunt] / wouldn't [wúdnt] / can't [kǽnt] / couldn't [kúdnt] /
　　shan't [ʃǽnt] / shouldn't [ʃúdnt] / needn't [níːdnt] /
　　mightn't [máitnt] / mustn't [mʌ́snt] / oughtn't to [ɔ́ːtnt túː]

　　Cf. You mustn't park the car here.　→　[mʌ́sn(t)]

＊間違いやすい組み合わせ
　　won't　[wóunt]　　　—　　　want　[wɑ́nt]

(3) 助動詞＋have の短縮形

最後に来る子音[v]の音が軽く弱く発音されます。

would have	[wúd hǽv]	→	would've	[wúdv]
could have	[kúd hǽv]	→	could've	[kúdv]
might have	[máit hǽv]	→	might've	[máitv]
must have	[mʌ́st hǽv]	→	must've	[mʌ́stv]
should have	[ʃúd hǽv]	→	should've	[ʃúdv]

　　Cf. You should've told her.　→　[ʃúdv]

8．イントネーション（Intonation）

　英語でのコミュニケーションを円滑にはかる上で理解が必要なものが話し手の声の抑揚、つまり上がったり下がったりする声の変化です。この英語独特の抑揚を「**イントネーション**」と言います。

　「**下降するイントネーション**」と「**上昇するイントネーション**」、「**下降上昇するイントネーション**」と「**上昇下降するイントネーション**」という4つのパターンが基本です。

　イントネーションは話し手の心理状態や感情などを表すので、実際の会話の中で話し手のイントネーションに注意をすることによって、相手の気持ちや心の動き・変化などを理解することができます。

(1) 下降するイントネーション

　声が高めから低めに下がる動きを「**下降するイントネーション**」と言います。**文の完結**や、**断定的に自信を持って自分の考えを表現する**際に用いられます。また、話し手によって答える範囲が**特定・限定された情報**を相手に求める場合や自分の意見などを相手に**念を押す場合、確認する場合**にも用いられます。

① 「肯定文」

　　I'm so excited about visiting their new house. ↘　　I'm ready! ↘

　「**下降するイントネーション**」が使われているので、「彼らの新居に行くというのでわくわくしています。（出掛ける）準備ができています。」と自信を持って自分の気持ちと状況を相手に伝えています。

② 「命令文」

　　Behave yourself. ↘

　自分が望むように相手に「お行儀を良く」させたいという考えを「**下降するイントネーション**」によって表しています。

③「感嘆文」
　　What a surprise meeting you here! ↘

　「ここでお会いするなんて驚きだわ！」という自分の驚きの感情を「**下降するイントネーション**」で相手に率直に表現しています。

④「疑問詞で始まる疑問文」
　　How are you getting along with your job? ↘

　「仕事はどのような状況ですか？」と答える範囲を「仕事」に限定して相手に答えを求めているので、「**下降するイントネーション**」になります。

⑤「付加疑問文」
　　A: You are coming with us, aren't you? ↘
　　B: Yes. ↘

　話し手Ａは、「私達と一緒に来るのですよね。」という意味の付加疑問文を「**下降するイントネーション**」で話しているので、相手の気持ちが分っている上で相手に念を押して、確認をとっていることになります。
　それに対して、聞き手Ｂも「**下降するイントネーション**」で答えているので、「はい」という肯定的な気持ちの強さが相手に伝わります。

(2) 上昇するイントネーション

　声が低めから高めに上がる動きを「**上昇するイントネーション**」と言います。**文が未完結**の場合や、自分だけでは判断できずに**相手に判断を求める**場合に用いられます。相手に yes か no の答えを求める「**一般的な疑問文**」などで用いられます。
　未完結や**不確実**のメッセージが聞き手に伝わるので、断定的ではない柔らかい印象を聞き手に与えます。また、「**上昇するイントネーション**」は、**強調**や**対比**、**呼びかけ**、**依頼**、**勧誘**、**挨拶**、相手に質問をする「**付加疑問文**」などでも同様に用いられます。

① 「**yes/no で答える疑問文**」
　A: Do you go for a walk every day? ↗
　B: Yes. ↘　　How about you? ↘

　話し手Aは、聞き手Bに対して「毎日散歩をしていますか？」という意味の質問をして "yes か no" で答えることを要求しているので、「**上昇するイントネーション**」が使われます。
　それに対してBは、"yes" と断定的に肯定しているので、「**下降するイントネーション**」が使われます。続けてBは、Aに対して「毎日散歩をしていますか？」という内容の質問を「あなた（＝A）」に限定して疑問詞で始まる疑問文で聞いているので、「**下降するイントネーション**」が使われます。

② 「**勧誘**」
　A: Shall we dine out this evening? ↗
　B: Yes, let's. ↘

　A は「今晩外に食べに行きましょうか？」と相手を誘っていますが、このように「**勧誘**」する場合には「**上昇するイントネーション**」が使われます。自分だけでは判断できる状況ではなく、相手の判断が必要になるからです。
　B は「そうしましょう。」と肯定的に答えて自ら判断を下しているので、「**下降するイントネーション**」になります。

③「呼びかけ」
　　I want you to complete this task with your brother, **Bill**. ↗

　「呼びかけ」のコンマが **Bill** の前にあるので「ビル」に対して呼びかけて、「ビル、この仕事を君のお兄さんと一緒にやってほしい。」と「**上昇するイントネーション**」を使って表現しています。your brother と Bill は兄弟関係の別人物です。

　次のように「**下降するイントネーション**」が使われると、「この仕事を君のお兄さんのビルと一緒にやってほしい。」という意味に変わります。「呼びかけ」ではなく、話し手の気持ちを表しています。この場合には your brother と **Bill** は同一人物になります。

　　I want you to complete this task with your brother **Bill**. ↘

④「聞き返し」
　　I beg your pardon? ↗

　聞き逃したことに対してもう一度言ってほしいと相手に依頼して、相手の判断に委ねる場合には、「**上昇するイントネーション**」が使われます。

⑤「付加疑問文」
　　You are coming with us, aren't you? ↗

　「**上昇するイントネーション**」を用いることによって、「私達と一緒に来ますか?」という質問の答えを相手に要求することになります。来るか来ないかの判断は相手に委ねられていることになります。

(3) 下降上昇するイントネーション

　声が高めから低めに下がって再び上がる動きを「**下降上昇するイントネーション**」と言います。文が**未完結**でまだ**継続**している場合や、文は形式上完結していても他に言いたいことが言えない状態にある場合などでは、「**下降するイントネーション**」から「**上昇するイントネーション**」へと変わります。

　単なる「命令文」では「下降するイントネーション」が使われますが、「命令文」から一歩踏み込んで「警告」になると「上昇するイントネーション」が加わります。

「警告」Watch ↘ your step! ↗

　また、次のような会話では「話し手A」は「聞き手B」にyesかnoの答えを求める質問をしているので、「**上昇するイントネーション**」が用いられます。
　それに対してBは、自分の気持ちを"Yes"で表現してAの質問に対する答えを断定的に与えているので「**下降するイントネーション**」が用いられます。
　続けてBは、"this afternoon"という「時」を提示して、Aに「今日の午後でよいのかどうか」を問いかけて相手に答えを求めているので、今度は「**上昇するイントネーション**」が使われることになります。

A: Shall we go shopping? ↗
B: Yes ↘, let' go this afternoon. ↗

（4）上昇下降するイントネーション

　声が低めから高めに上がって再び下がる動きを「上昇下降するイントネーション」と言います。

① 選択疑問文（AかBかの選択）
　　Would you like a cup of tea↗ or coffee↘?
　　　　　　　　　　　　　　　　A　　　　　B

　「上昇するイントネーション」の後に続けて「下降するイントネーション」を用いることによって、相手に「AかBかの選択」を求めることになります。
　ここでAとBはtea と coffee に当たり、「紅茶とコーヒーのどちらがよろしいですか？」と相手にどちらかを選択してもらいたいとの趣旨になります。

② andによる項目の列挙
　　Tonight I'm going a party with Tom,↗ Bob,↗ Kate,↗ and Stella.↘
　　　　　　　　　　　　　　　　　　A　　　B　　　C　　　　　D

　上記の文は、「今晩トム、ボブ、ケイト、ステラとパーティに行く予定です。」という意味で、A（トム）・B（ボブ）・C（ケイト）・D（ステラ）という4つの項目を列挙しています。A・B・Cに関してはまだ文は完結せずに続くことを、「上昇するイントネーション」を使って相手に伝えています。最後のDで文が完結するので、ここで初めて「下降するイントネーション」が使われることになります。

9．カタカナ語

　カタカナ英語として私達の日常生活に深く浸透している用語は、実際の英語でのコミュニケーションの現場ではそのまま使用しても通じないことが多々あります。発音や語彙そのものの誤用などの様々な問題があるからです。

　カタカナ語は英語だと考えられている向きがありますが、実は様々な国の言語が原語のまま音やスペルが表記されているものも数多くあります。ここでは、英語でコミュニケーションをはかる場合に特に注意をしなければならない発音や語彙をとりあげます。

(1) カタカナ語の発音

① カタカナ語と英語の異なるアクセントの位置

　英語は「リズムとアクセントの言葉」と言われるほど、「リズム」と「アクセント」が重要な役割を果たしますが、英語からできた「カタカナ語」の強勢アクセントが、英語のアクセントとは違うものがあります。アクセントを間違えると、聞き手にとっては別の単語のように聞こえて、コミュニケーション上の誤解を生じる結果になります。以下は特に誤用の多い語彙です。

カタカナ	英語	発音
「アルコール」	alcohol	[ǽlkəhɔ̀(ː)l]
「バナナ」	banana	[bənǽnə]
「プロフィール」	profile	[próufail]
「エレベーター」	elevator	[éləvèitər]
「エンジニア」	engineer	[èndʒiníər]
「ホテル」	hotel	[houtél]
「アイディア」	idea	[aidí(ː)ə]
「オリーブ」	olive	[ɑ́liv]
「パターン」	pattern	[pǽtərn]
「パーセント」	percent	[pərsént]
「パイオニア」	pioneer	[pàiəníər]
「ポリス」	police	[pəlíːs]
「テクニック」	technique	[tekníːk]
「ボランティア」	volunteer	[vɑ̀ləntíər]

② カタカナ語と英語の異なる音節構造

日本語の音節は通常「子音＋母音」という構造ですが、英語の音節は「子音＋子音＋母音」のように普通に子音が連続します。

カタカナ語は、「子音＋母音」という音節構造でどの子音の後にも必ず母音を入れて、１つ１つの音をはっきり発音します。一方英語では、アクセントの付かない音節は弱音化して軽く弱く発音されます。音が聞こえなくなったり、消えたりする場合もあります。したがって、カタカナ語そのままの発音を英語でのコミュニケーションの場面で適用すると、誤解が生じることがあります。

「チャンネル」	channel	[tʃǽnəl]
「パネル」	panel	[pǽnl]
「ペダル」	pedal	[pédl]
「プレゼント」	present	[préznt]
「ストリート」	street	[strí:t]
「トンネル」	tunnel	[tʌ́nəl]

「パネル」は、「子音＋母音」という日本語の音節構造では「パ」＋「ネル」ですが、「子音」の後に必ず「母音」が来るとは限らない英語の音節構造では、panel は "pan＋el" になります。子音と子音[l]に挟まれた[e]は発音されずに黙字となることから、panel はカタカナ表記では「パンル」に近い音です。

同様に pedal も子音[d]と子音[l]に挟まれているので[a]は発音されずに黙字となることから "ped＋al" です。カタカナ表記では「ペドル」に近い音になります。

③ カタカナ語の長音と英語の二重母音

日本語には「二重母音」が存在しないので、英語の「二重母音」は、カタカナ語表記になると「長音」として発音されます。完全に別の音になるために、コミュニケーションを図る上では誤解が生じる原因となります。

「ブレーキ」	brake	[bréik]
「ケース」	case	[kéis]
「エレベーター」	elevator	[éləvèitər]

「ゲーム」	g<u>a</u>me	[gέim]
「ページ」	p<u>a</u>ge	[péidʒ]
「ペーパー」	p<u>a</u>per	[péipər]
「プレゼンテーション」	present<u>a</u>tion	[prìːzəntéiʃən]
「ボート」	b<u>oa</u>t	[bóut]
「コート」	c<u>oa</u>t	[kóut]
「コントロール」	contr<u>o</u>l	[kəntróul]
「ゴール」	g<u>oa</u>l	[góul]
「グローバル」	gl<u>o</u>bal	[glóubl]
「モーター」	m<u>o</u>ter	[móutər]
「ノート」	n<u>o</u>tebook	[nóutbuk]
「オープン」	<u>o</u>pen	[óupn]
「ポーズ」	p<u>o</u>se	[póuz]
「ショー」	sh<u>ow</u>	[ʃóu]
「トースト」	t<u>oa</u>st	[tóust]

④ カタカナ語と英語で異なる音

「ア」・「イ」・「ウ」・「エ」・「オ」の5つの母音しかない日本語とは違い、英語では1つの母音に様々な音色があります。

「アレルギー」	allergy	[ǽlərdʒi]
「アマチュア」	amateur	[ǽmətər/ǽmətʃùər]
「バクテリア」	bacteria	[bæktíəriə]
「チョコレート」	chocolate	[tʃɔ́kəlit]
「グローブ」	glove	[glʌ́v]
「イメージ」	image	[ímidʒ]
「プライベート」	private	[práivit]
「プロフィール」	profile	[próufail]
「プリン」	pudding	[púdiŋ]
「ラジオ」	radio	[réidiou]
「シャツ」	shirt	[ʃə́ːrt]

「テーマ」	theme	[θíːm]
「トンネル」	tunnel	[tʌ́nəl]
「ウイルス」	virus	[vàiərəs]

　カタカナ語の「チョコレート」や「プライベート」はよく使われる表現ですが、英語の発音は[tʃókəlit]と[práivit]で、カタカナ表記にすると「チョコリット」と「プライヴィット」に近い音になります。"ate"は形容詞を作る接尾辞で、発音は[it]あるいは[éit]になります。

(2) 英語由来のカタカナ語

　英語でコミュニケーションをはかる上で大きな障害となるのが、和製英語の存在です。英語の音やスペルがそのままカタカナ表記されて「カタカナ語」として私達の日常生活にしっかり定着していますが、その多くは日本独自の解釈からできたもので、英語本来の意味から逸脱したものです。「カタカナ語」として日本語での会話で使用されている場合には問題はありませんが、英語でコミュニケーションを図る上では、英語とカタカナ語の語彙の違いを認識して誤用を防ぐ必要があります。

「ヴィップ」　→　　VIP ＝ Very Important Person

　VIP は、"**Very Important Person**（「重要人物」）" の省略形です。頭文字を個々にどの音も強形で発音して、[víː áɪ píː]になります。カタカナ表記にすると「ヴィ・アイ・ピィ」に近い音です。アメリカ英語では、省略形の最後の頭文字を最も強い強勢アクセントを付けて発音します。ここでは[píː]の音が最も強い強勢アクセントを受けます。「ヴィップ」という読み方自体は、英語としては存在しないものです。

☆☆☆☆☆☆☆☆☆☆☆☆☆☆☆☆☆☆☆☆☆☆☆☆☆☆☆☆☆☆☆☆

Pseudo Acronym（「スード・アクロニム」）

　現在アメリカでは、メールやチャットなどでよく使われている "**pseudo acronym**" という「音のことば遊び」が流行っています。"pseudo" は[súːd]と発音しますが、「偽の」という意味です。"acronym" は[ǽkrənim]という発音で、「頭字語」の意味です。

　音のつながりで省略した語を使って表現する「ことば遊び」ですが、"see you" が "**CU**"、"for you" が "**4U**" などになります。**個々の音は強形**になります。

☆☆☆☆☆☆☆☆☆☆☆☆☆☆☆☆☆☆☆☆☆☆☆☆☆☆☆☆☆☆☆☆

「オー・エル」　　→　　female office worker

　「女性の会社員」の意味で office lady を省略した **OL**（「オウ・エル」）という表現が広く使われていますが、英語では office lady とは言いません。正確には **"female office worker"** と言い、[fíːmeil　ɔ́fis　wə́ːrkər] と発音します。特に性別を表わさずに、**"clerk、office staff、administrative assistant"** などの表現を使うのが一般的です。[O]そのものの発音もカタカナ語表記で長音の「オー」が定着していますが、英語では二重母音の[óu]です。音としてはカタカナ表記では「オウ」が最も近い音です。

「オートバイ、バイク」　　→　　motorbike / motorcycle

　「オートバイ」はモーター付なので、**"motor"** を使った表現の **"motorbike"** または **"motorcycle"** と言います。それぞれ[móutərbàik]と[móutərsàikl]という発音になります。カタカナ語では「モーター」と長音で表記されますが、英語では二重母音の[óu]なので、カタカナ表記にすると「モウタア」に近い音です。「オートバイ（auto bi）」や「オートバイ」の意味で使われるカタカナ語の「バイク」は、英語で **"bike"** ですが、**自転車**の意味になります。

「オーブン・トースター」　　→　　toaster oven

　「オーブン・トースター」は、英語では語順が逆で **"toaster oven"** と言います。「天火」の意味のオーブン（oven）と、「パン焼き器」の意味のトースター（toaster）両用のことです。英語では発音は[tóustər ʌ́vn]で、カタカナで表わすと「トウスタ・アブン」に近い音になります。

「ガードマン」　　→　　guard

　「警備員」の意味のカタカナ語の「ガードマン」は、英語では **"guard"** と言います。発音は[gáːrd]で、カタカナ表記では「ガード」に近い音になります。「ガードマン」を音のまま英語にすると **"guardman"** ですが、和製英語です。英国では、**"guard"** は、エリザベス女王 **"Queen Elizabeth"** が住むバッキンガム宮殿 **"Buckingham Palace"** の「衛兵」という意味があります。

「ガソリン」　　→　　gasoline / gas / petrol

　ガソリンをアメリカでは"gasoline"、あるいは略式で"gas"と言います。発音は、それぞれ[gǽsəlìːn]と[gǽs]です。イギリスでは"petrol"と言い、[pétrl]という発音です。

「ガソリンスタンド」　　→　　gas station / petrol station / filling station

　アメリカ英語では"gas station"と言い、[gǽs stéiʃən]と発音します。「何かを提供する場所」や「サービスをする場所」という意味の"station"を使って、「スタンド」の意味を表します。

　イギリス英語では"petrol station"や"filling station"と言い、[pétrl stéiʃən]や[fíliŋ stéiʃən]という発音になります。また、イギリス英語では"garage"とも言い、[gərɑ́ːdʒ]という発音になります。アメリカ英語ではgarageは「車庫」を意味して、発音は[gǽrɑːdʒ]になります。カタカナ語の「ガレージ」は、アメリカ英語のgarageと同じ「車庫」の意味で使われていますが、アクセントの位置が「レ」にあるので注意が必要です。

「カンニング」　　→　　cheating

　試験での不正行為を表す「カンニング」は、英語では"cheating"と言います。発音は[tʃíːtiŋ]です。カタカナ表記にすると「チーティング」に近い音です。動詞は"cheat"で、[tʃíːt]と発音します。「カンニング」に近い発音の英語表現は"cunning"ですが、「悪賢い」という意味の形容詞です。正しい発音は[kʌ́niŋ]で、音節は[kʌ]と[niŋ]の2つに分けられます。したがって、カタカナ表記にすると「カニング」に近い音になります。

「ギフト・カード」　　→　　gift certificate

　「商品券」の意味で使う「ギフト・カード」は、「お金はすでに支払い済みです」ということを「証明」する「証明証」の意味の"certificate"を使って、"gift certificate"と言います。発音は[gíft səːrtífikit]で、カタカナ表記にすると「ギフト・サーティフィキット」に近い音になります。また、「クーポン」の意味のcoupon、「しるし」

の意味の token、「証拠」の意味の voucher などを使って、"gift coupon"、"gift token"、
"gift voucher" とも言えます。「ギフト・カード」を音のまま英語にした "gift card"
は、英語では「**ギフト**」に添える「**カード**」だと誤解されます。

| 「キャッチ・ボール」 → catch |

　「キャッチ・ボール」は英語で "catch" と言います。発音は [kǽtʃ] です。名詞扱いで、"catch" だけで「ボールをキャッチすること」の意味になります。「キャッチ・ボール」を音のままを英語にした "catch ball" は和製英語です。「キャッチ・ボールをする」という動作を表す場合には、「スポーツをする」という意味の動詞 "play" を使って、"play catch" と表現します。"play baseball"、"play basketball"、"play tennis" のように、英語表現では "play" はスポーツの種目と一緒に使われます。

| 「クーラー」 → air conditioner |

　「空調設備」という意味で使われる「**クーラー**」は、英語では "air conditioner" と言います。発音は [éər kəndíʃənər] で、カタカナ表記にすると「エア・コンディショナ(ア)」に近い音になります。「**クーラー**」を音のまま英語にすると "cooler" ですが、英語では「冷却器」という意味になります。省略形の「エアコン」を音のまま英語にした "air con" は、英語としては存在しません。

| 「ゲーム・センター」 → game arcade / amusement arcade |

　アメリカ英語では「ゲーム・センター」を "game arcade" と言い、[géim ɑːrkéid] という発音になります。イギリス英語では "amusement arcade" で、[əmjúːzmənt ɑːrkéid] という発音になります。"arcade" は、カタカナ語の「アーケード」とはアクセントの位置が異なるので、注意が必要です。ゲーム機がもともとアーケード街に設置されたことから、arcade が使われるようになったのです。
　日本語で「センター」は「総合施設」や「活動の中心地」などを始め広く使われていますが、英語で **center** は「特定の活動や目的のためのもの」であって、game という「娯楽」と一緒に使うことはありません。アメリカ英語の "-er" は、イギリス英語ではスペルが "-re" となるので、注意が必要です。

| 「サイン」　→　autograph |

　著名人などの「サイン」の意味を表す名詞は "**autograph**" です。[ɔ́:təgræf]という発音で、カタカナ表記にすると「オートグラフ」に近い音です。
　「サイン」の原義と考えられている **sign** は、「サインをする」という意味の動詞です。発音は[sáin]です。カタカナ語の「サイン」が「記号・合図」などの意味で使われる場合には、名詞の **sign** を使うことができます。

| 「ジェット・コースター」　→　roller coaster / switchback / big dipper |

　「ジェット・コースター（jet coaster）」は、アメリカ英語では "**roller coaster**" と言います。発音は[róulər kóustər]です。イギリス英語では、「元に戻ること」という意味の "**switchback**" や「大きな水に潜る鳥」という意味の "**big dipper**" と言います。それぞれ発音は、[swítʃbæk]と[bíg dípər]です。
　ジェット機の加速する様子に似ているので生まれたという説の「ジェット・コースター（jet coaster）」はカタカナ語で、英語としては使えない表現です。

| 「シャープペン」　→　mechanical pencil / automatic pencil / propelling pencil |

　ノック式の筆記具「シャープペン」を、アメリカ英語では "**a mechanical pencil**" や "**an automatic pencil**" と言います。発音はそれぞれ[ə məkǽnɪkl pénsl]と[ən ɔ́:təmǽtɪkl pénsl]です。イギリス英語では、「押し突き動かす」という意味の propel が「ノックして芯を出す動作」を表すので、"**a propelling pencil**" と表現します。発音は[ə prəpélin pénsl]です。
　この筆記具を発明した日本企業が商標や社名にしている表現を使って名付けたもので、英語で "a sharp pencil" は「先（芯）のとがった鉛筆」の意味です。

| 「シルバー・シート」　→　priority seat |

　「シルバー・シート」は、英語では「優先」を意味する priority を用いて、**"priority seat"** と言います。発音は[praiɔ́(ː)rəti síːt]で、カタカナ表記にすると「プライオリティ・シート」に近い音です。**"silver seat"** は、"silver" が高齢者のイメージカラーであることや、座席の色から名付けられたという説がありますが、英語表現では「銀色の座席」という意味です。

| 「チップ」　→　tip |

　サービスに対する「心付け」を意味する「チップ」は、英語では **"tip"** と言います。発音は[típ]で、カタカナで表すと「ティプ」に近い音になります。

　カタカナ語の音をそのまま英語に直すと **"chip"** になりますが、「切れ端」や「かけら」の意味です。例えば、カタカナ語の「(ポテト)チップス」は、そのままの音を英語にして **"(potato)chips"** で OK です。ジャガイモを薄く切って揚げたものが何枚もあるので、英語表現では複数形の s が付いた chips で表します。ただし、**"potato"** の発音は要注意です。[pətéitou]という発音なので、カタカナ表記にすると「ポテイトウ」に近い音です。

| 「トレーナー」　→　sweart shirt |

　「運動着の上」の意味の「トレーナー」は、英語では **"sweat shirt"** と表現します。発音は[swét ʃə́ːrt]です。

　カタカナ語の「トレーナー」は、スポーツの「トレーニング」をする「コーチ」や「運動着」の意味で使われます。英語では **"trainer"** は、その語幹が「訓練する」という意味の train で、「〜する人」の意味の接尾辞 er がついたものです。したがって、「コーチ」の意味で使われる「トレーナー」は、そのまま英語に直して trainer で使えます。また、「〜を受ける人」の意味の接尾辞 ee がつくと、「訓練を受ける人」、つまり「研修生」の意味の **trainee** になります。

87

「ナイター」　→　night game

　カタカナ語の「ナイター」は「夜間試合」を意味しますが、英語では「試合」を意味する"game"を用いて、**"night game（「ナイト・ゲーム」）"** と言います。また、日中に行われる試合は**"day game（「デイ・ゲーム」）"** と表現します。

「ノートパソコン」　→　laptop computer / laptop / lappy

　「ノートパソコン」は、**"laptop computer"** あるいは省略形で **"laptop"** と言います。発音はそれぞれ[læptáp kəmpjúːtər]と[læptáp]で、カタカナ表記にすると「ラップトップ・コンピューター」に近い音です。

　「ひざに乗せて使えるコンピューター」の意味で、「ひざ」を意味する"lap"を使っていますが、最近では更にくだけた表現で**"lappy"** とも言います。発音は[lǽpi]で、カタカナ表記では「ラッピィ」に近い音です。

　また、lapを使わずに、ノートブックの型のコンピューターであるということで、"notebook computer（「ノートブック・コンピューター」）"や省略形で**"notebook**（「ノートブック」）"とも言います。

「ビニール〜」　→　plastic ＋名詞

　カタカナ語で広く使われる「ビニール」は、英語表現では**"plastic"** です。発音は[plǽstik/pláːstik]で、カタカナ表記では「プラスティク/プラースティク」に近い音です。ビニール製品はこの"plastic"を使って表現します。例えば、「ビニール袋」を"plastic bag"、「ビニール傘」を"plastic umbrella"、「ビニールのレインコート」を"plastic raincoat"のように言います。

「ファイト」　→　go for it! / come on! / let's go!

　「頑張ろう！」という意味で使われる「ファイト」は、「必死になって努力する」という意味もありますが、英語で**"fight"** と言えば「格闘する」という意味で物騒なイメージがあります。相手を励ますために使う「頑張って！」は、**"Go for it!"**、**"Come on!"** や **"Let's go!"** などの表現を使います。また、励ます相手の名前を呼

んで "Go for it, Makoto!（「誠、頑張って！」）"、"Come on, Kao!（「佳央、頑張って！」）" や "Let's go, Alice!（「アリス、頑張って！」）" のように表現します。時には「地獄」を意味する "hell" を使って、"Give'm hell!（= Give them hell!「彼らをひどい目にあわせろ！」）" のような野次を相手チームに投げる場面もあります。この場合の "them" は短縮形で表現されるので、[m]という音だけが残ります。

「フリーマーケット」　→　flea market

　「フリーマーケット」は古物市から始まった「蚤の市」のことですが、英語で表現すると "flea market" になります。発音は[flíː máːrkit]ですが、カタカナ語表記にすると「フリーマーケット」になるので、"free market（「自由市場」）" と勘違いされることがあります。flea と free では、舌先を上の歯茎に当てて音を出す[l]と、唇を丸めて舌先をどの部分にも触れないように音を出す[r]との違いがあるので、2つの単語の発音は全く異なります。

「プリン」　→　pudding

　「プリン」は英語では "pudding" と言います。発音は[púdiŋ]で、カタカナ表記にすると「プディン（グ）」に近い音です。実際の会話では[d]の音は弱形で発音されて、"ing" の[ŋ]の音は聞こえなくなるか、消える傾向にあります。

　小麦粉・卵・砂糖・牛乳などで蒸したり、焼いたりしたお菓子のことですが、日本でお馴染の「プリン」は "custard[kʌ́stərd]" を使った "custard pudding" です。イギリスには、お米と砂糖・牛乳などでできた "rice pudding" があります。

「ベスト・テン」　→　Top 10

　音楽・映画などの興業成績の順位を表現する際によく使われる「ベスト・テン（Best 10）」は、英語では "Top 10（「トップ・テン」）" と言います。"best" と言う表現は「質」に重点を置いて「最上の」や「極上の」という意味を表すのであって、「上」からの順番を表すものではありません。一方 "top" は "bottom" と対になって「上」から「下」までの動きを表わす表現です。

| 「マイナス・イオン」 → negative ion |

　「マイナス・イオン」は、英語では "negative ion" と言います。発音は[négətiv aìən]で、カタカナ表記にすると「ネガティブ・アイオン」に近い音です。

| 「マンション」 → apartment / condominium / flat |

　日本の標準的な大きさの「マンション」は、アメリカ英語では "condominium" や "apartment house"、イギリス英語では "flat" と言います。発音はそれぞれ、[kàndəmíniəm]・[əpə́:rtmént háus]・[flǽt]で、カタカナ語では「コンドミニアム」・「アパートメント・ハウス」・「フラット」になります。同じカタカナ語で「マンション(mansion)」や「アパート(apart)」が広く使われていますが、英語で "mansion[mǽnʃən]" は、お城のように大きな豪邸を意味するので、カタカナ語で使われている意味とは大きな隔たりがあります。

　日本で若者に人気の「ワンルーム・マンション」は、英語では "studio" や "studio apartment" と表現します。発音は[st(j)ú:diòu]と[st(j)ú:diòu əpə́:rtmént]で、カタカナ表記にすると「ステューディオ」と「ステュディオ・アパートメント」になります。英語では、「お城のようなお屋敷」の意味の **mansion** と「ワンルーム」の意味の **studio** は相いれない表現なので、一緒に使われることはありません。

| 「ミシン」 → sewing machine |

　「ミシン」は、英語で "sewing machine" と言います。発音は[sóuiŋ məʃí:n]で、カタカナ表記で「ソウイング・マシーン」に近い音です。昔、日本人が「マシーン」を「ミシン」と聞き違えたのが語源という説があります。machine は chine にアクセントがあり、あいまい母音の[ə]が弱音のために ma にはアクセントがなくて、弱い[m]の音だけが残って「ム」のように聞こえて「ムシーン」、そこから「ミシン」になったのではないかと考えられています。

「モーニング・サービス」　　→　　breakfast special

　ドリンク付きの安価な朝食のセットメニューという意味の「モーニング・サービス」は、英語では "breakfast special" と言います。発音は[brékfəst spéʃəl]で、カタカナ表記で「ブレックファスト・スペシャル」に近い音です。英米では、トースト、飲み物、好みの卵料理などが一般的なメニューです。英語で "morning service" は、「(教会での) 朝の礼拝」のことを意味します。

「リフォームする」　　→　　rebuild / remodel

　建物や部屋を「リフォームする」という動詞は、「再び」を意味する接頭辞の re が付いた "rebuild" または "remodel" です。発音は[ri:bíld]と[ri:mάdl]で、カタカナ表記では「リビルド」と「リモデル」に近い音です。「リフォーム」を音のまま英語にした名詞 "reform" は、社会や制度や政治などの「改革」が基本的な意味です。また、reform は動詞では「改革する」という意味です。

(3) 英語以外の言語に由来するカタカナ語

☆ French !

| 「アベック」 → couple |

　「アベック」は、フランス語の「男女の2人連れ」を意味する"avec"をカタカナ読みにしたものです。英語では"couple"と言います。その音をカタカナ読みにした「**カップル**」はよく使われる表現ですが、英語として使う場合には[kʌ́pl]という発音です。カタカナ表記にすると「**カプル**」に近い音です。

| 「シュークリーム」 → cream puff |

　「シュークリーム」は、英語では"**cream puff**"が正しい表現です。発音は、[krí:m pʌ́f]です。puffは「ぷっと吹いて丸くふくれたもの」の意味から、「ふわっとしたケーキ」の意味を表します。
　フランス語の"chou à la crème"という表現に由来して、その発音をカタカナ語式にして「シュークリーム」という表現になったという説があります。

| 「マロン」 → chestnut |

　栗の実を「マロン」と言い、「マロングラッセ」は人気の洋菓子ですが、どちらもフランス語をカタカナ読みにしたものです。英語では"**chestnut**"と言い、[tʃésnʌt]と発音します。カタカナ表記にすると、「**チェスナッ(ト)**」に近い音です。子音と子音に挟まれた「破裂音」は破裂しないことから、"chest"の破裂音[t]は破裂せずに音が落ちます。また、実際の会話では、語尾に来る「破裂音」は強勢がないので破裂せずに音が消える傾向にあり、"chestnut"の語尾の破裂音[t]も音が聞こえなくなります。

☆☆☆☆☆☆☆☆☆☆☆☆☆☆☆☆☆☆☆☆☆☆☆☆☆☆☆☆☆☆☆☆☆

省略形の RSVP

　フランス語の"Répondez s'il vous plait."という表現の頭文字をとったもので、「お返事を下さい」という意味です。英語表現の中でもよく使われる省略形です。[ɑːr és víː píː]という発音で、カタカナ表記にすると「アー・エス・ヴィ・ピィ」に近い音です。どの音も強形で発音しますが、[ɑːr]の発音には特に注意が必要です。舌先が口の中のどの部分にも触れないように音を出します。アメリカ英語では、省略形の最後の頭文字に最も強い強勢アクセントを付けるので、ここでは[píː]の音が最も強い強勢アクセントを受けます。

☆☆☆☆☆☆☆☆☆☆☆☆☆☆☆☆☆☆☆☆☆☆☆☆☆☆☆☆☆☆☆☆☆

☆　Dutch！

「ビール」　→　beer

　「ビール」は英語では"beer"と言い、[bíər]と発音します。オランダ語に由来して、カタカナ語で表わすと「ビア」に近い音になります。イギリス英語ではbeerよりも、発酵法の違いを表わす"lager"や"ale"、"bitter"という単語が使われます。"lager"は、加熱殺菌した貯蔵ビールのことで[lɑ́ːgər]という発音です。"ale"は上面発酵の生ビールのことで、発音は[éil]です。"bitter"はホップの強い苦味の生ビールのことで、[bítər]という発音です。イギリスのパブで「ビール」を注文する際には、具体的にそのどれかを注文するのが鉄則です。

☆　German !

「アルバイト」　→　part time job

　カタカナ語の「アルバイト」は、ドイツ語の"arbeit"に由来します。英語では"part time job"と言います。発音は[pə́ːrt táim dʒáb]ですが、隣り合った2つの単語 part の語末と time の語頭が同じ子音[t]なので、スピーディな実際の会話では最初の[t]が脱落して[pə́ːrtáim dʒáb]という発音になります。カタカナ表記にすると「パータイム　ジョブ」に近い音です。「アルバイトをする」は、動詞の have や work を使って、"have a part-time job" あるいは "work part-time" のように表現します。

「アレルギー」　→　allergy

　「アレルギー」は英語で"allergy"と言います。発音は[ǽlərdʒi]で、最初の母音[æ]にアクセントがあります。カタカナ表記にすると「アラジィ」に近い音です。カタカナ語の「アレルギー」は、ドイツ語の"allergie"に由来します。

「エネルギー」　→　energy

　「エネルギー」は、英語では"energy"と言います。発音は[énədʒi]で、最初の母音[e]にアクセントがあります。カタカナ表記にすると「エナジィ」に近い音です。カタカナ語の「エネルギー」はドイツ語の"energie"に由来しています。音の違い以外にも、カタカナ語の「エネルギー」は「ネ」に強勢アクセントが置かれているので、母音[e]に強勢アクセントが置かれている英語の"energy"とは、耳で聞いた場合には全く別の単語に聞こえます。

「ノイローゼ」　→　nervous breakdown

　「神経衰弱」の意味で使われる「ノイローゼ」を、英語では"nervous breakdown"と言います。発音は[nə́ːrvʌs bréikdàun]で、カタカナ表記にすると「ナーバス・ブレイクダウン」に近い音です。「ノイローゼ」の語源はドイツ語"neurose"で、英語では"neurosis"ですが、専門的な言葉なので普通の会話ではあまり使われるこ

とはありません。

☆　Russian！

「ノルマ」　→　quota

　「ノルマ」は、英語では「割当量」を意味する"quota"と言います。発音は[kwóutə]で、カタカナ表記にすると「クオウタ」に近い音になります。

　「一定の期間にするべき仕事量」という意味のカタカナ語ですが、第2次世界大戦後に旧ソ連に抑留された日本人が労働者として割り当てられた仕事の基準量のことを、ロシア語で"norma"と言いました。そのカタカナ読みの「ノルマ」が日本に持ち帰られて、そのまま現在でも広く使われているわけです。

☆　Portuguese！

「ブランコ」　→　swing

　遊具の「ブランコ」は、英語では"swing"と言います。発音は[swíŋ]で、カタカナ表記にすると「スウィング」に近い音です。「ブランコ」は、ポルトガル語の"balanço"に由来します。

(4) カタカナ語の省略形

　カタカナ読みにした英語表現を日本語式に省略した形が、日本語の日常会話の中でよく使われますが、その多くはそのまま英語表現として使うことはできないものです。

| 「エアコン」　→　air conditioner |

　カタカナ語の「エアコン（air con）」を、英語表現では "**air conditioner**" と言います。発音は[eər kəndíʃənə(r)]で、カタカナ表記にすると「エア・コンディショナ(ア)」に近い音です。部屋の温度や湿度を自動的に調節する「空調装置」のことですが、省略形の "air con" は英語表現としては使えません。省略形でも、頭文字をとった省略形の "**A/C**" あるいは "**A/C Unit**" であればOKです。個々の音は強形で、[éi: síː]や[éi: síː júnit]と発音します。

| 「エンゲージ・リング」　→　engagement ring |

　「婚約指輪」の意味のカタカナ語「エンゲージ・リング」は、英語では "**engagement ring**" と言います。カタカナ語をそのまま英語にすると "engage ring" となりますが、"engage" は動詞なので文法的に誤りです。英語表現では、名詞が2つ続くと、先の名詞が「形容詞」の働きをします。ここでは、engagement が形容詞の働きをして名詞の ring を修飾しています。発音は[ingéidʒmənt ríŋ]で、カタカナ表記にすると「インゲージメント・リング」に近い音です。

| 「スーパー」　→　supermarket |

　「スーパーマーケット」の意味で省略して使われているカタカナ語の「スーパー」を、その音のまま英語にして super と言えば、名詞の「管理人」や形容詞の「すばらしい」という意味になります。「スーパーマーケット」を、英語では省略せずに "**supermarket**" と言います。発音は[s(j)úːpərmɑ̀ːrkit]で、カタカナ表記にすると「スーパーマーキット」に近い音です。

「デパート」　→　department store / department shop

　「デパート」は、英語では"department store"と言います。department だけでは「売り場」という意味なので、その「売り場」が集まった「店」という意味で store や shop を表現する必要があります。発音は[dipá:rtmənt stɔ́:r/ʃɑ́p]で、カタカナ表記にすると「ディパートメント・ストア/シャップ」に近い音です。

「パート」　→　part-time job / part-time worker / part-timer

　カタカナ語の「パート」は、「非常勤で働くこと」も「非常勤で働く人＝パートさん」のことも意味しますが、英語では「非常勤職」を"part-time job"、「非常勤で働く人」を"part-time worker"もしくは"part-timer"と言います。、日本語では使い分けられている「パート」と「アルバイト」は、英語では使い分けずに「非常勤職」ということで同じ表現を使います。発音は[pá:rtmənt stɔ́:r/ʃɑ́p]で、カタカナ表記にすると「ディパートメント・ストア/シャップ」に近い音です。

「パソコン」　→　personal computer

　「パソコン（perso com）」は、英語では"personal computer"か"PC"と言います。それぞれの頭文字をとった省略形の"PC"は、英語表現として広く使われています。省略形は強形で発音するので、[pí: sí:]という発音になります。アメリカでは、"PC"は windows 搭載の personal computer のことで、アップル社の Machintosh の省略形 Mac とは区別して使われています。

　「パーソナル・コンピューター（personal computer）」を省略した「パソコン（perso com）」は、カタカナ語であって英語表現ではありません。

「プッシュ・フォン」　→　push button phone

　カタカナ語の「プッシュ・フォン」は、英語では"push button phone"と言います。「押しボタン式の電話」という意味では、"touch-tone phone"とも言います。"push button 〜"や"touch-tone 〜"は、「押しボタン式の〜」という意味で形容詞としても使えます。アメリカ英語で"touch-tone"は、名詞としても使われる表現です。発音はそれぞれ、[púʃ bʌ́tn fóun]と[tʌ́tʃ tóun fóun]になります。

「マイク」 → microphone

　カタカナ語の「マイク」は、英語では"microphone"と言います。発音は[máikrəfòun]で、カタカナ表記では「マイクロフォン」に近い音です。英語の音節構造では「小さな」という意味のmicroと「音」の意味のphoneが結合してできた単語で、カタカナ表記では「マイクロ」＋「フォン」です。「マイク」の部分で分けることはありません。

「ミス」 → mistake

　「失敗」という意味の「ミス」は"mistake"です。発音は[mistéik]で、カタカナ表記では「ミステイク」に近い音になります。「ミスをする」という表現は、英語では"make a mistake"と言います。

「リハビリ」 → rehabilitation

　治療的訓練の意味の「リハビリ（rehabili）」は、英語では"rehabilitation"と言います。発音は[rì:həbílitèiʃən]ですが、弱母音のあいまい母音[ə]は、会話のスピード次第で音が聞こえなくなったり、落ちたりします。カタカナ表記では「リアビリテイション」に近い音になります。

「リモコン」 → remote control

　「遠隔操作」という意味で使われる「リモコン」は、英語では"remote control"と省略せずに表現します。発音は[rimóut kəntróul]です。カタカナ語では、英語の二重母音を長音で表すので、「リモート・コントロール」ですが、英語の発音は「リモウト・コントロウル」に近い音です。

(5) アメリカの地名

英語圏の地名、特に多種多様な文化が混在するアメリカの地名に関しては、その歴史的背景から先住民であるインディアンの言語を始めとして、ヨーロッパ文化を中心にその様々な言語の影響を受けています。

1) Indian Languages

アメリカ先住民族であったインディアンの言語に由来する地名は、アメリカに多く存在します。初期の移住者たちが、文字を持たなかった彼らの発話をどのように表記したかによって、変化のあるものになっています。

「アラスカ」	Alaska	[əlǽskə]
「アリゾナ」	Arizona	[ærizóunə]
「シカゴ」	Chicago	[ʃikɑ́:gou]
「ケンタッキー」	Kentucky	[kəntʌ́ki]
「マンハッタン」	Manhattan	[mænhǽtn]
「マサチューセッツ」	Massachusetts	[mæsətʃú:sits/zits]
「マイアミ」	Miami	[maiǽmi]
「ミシガン」	Michigan	[míʃigən]
「ナッシュビル」	Nashville	[nǽʃvil]
「オハイオ」	Ohio	[ouháiou]
「オレゴン」	Oregon	[ɔ́(:)rigən]
「シアトル」	Seattle	[siǽ(:)tl]
「テネシー」	Tennessee	[tènəsí:]
「テキサス」	Texas	[téksəs]

2) English

　イギリス英語に由来するアメリカの地名はかつてイギリスの植民地であった大西洋沿岸に多く見られますが、イギリス王室や貴族の名、アメリカが「新しい国」であることを象徴する意味の **New** にイギリスの地名を付け加えたものなどがあります。

　アメリカの国歌「星条旗（The Star-Spangled Banner）」が、フランシス・スコット・キー（Francis Scott Key）によって作られた地「メリーランド（**Maryland**）」は、イギリス王妃 Mary の名にちなんで「マリアの土地」というラテン語名を英語名にしたものです。

　アメリカの首都「ワシントン D.C.（Washington D.C.）」は、Washington District of Columbia（「ワシントン特別区」）を省略したもので、「建国の父（**the Father of His Country**）」である初代大統領ジョージ・ワシントン（George Washington）の名にちなんでいます。日本人に馴染み深いシアトル(Seattle)がある**ワシントン州（Washington State）**にもその名が使われています。

　アメリカ第一の大都市**ニューヨーク（New York**）は、イギリスのヨーク公爵（Duke of **York**）、のちに王になったジェームズ2世（JamesⅡ）の名前にちなんでいます。このヨーク公爵の名をとったものには、イギリス北東部の旧州・ヨークシャー（**York**shire）、伝統料理「ローストビーフ（Roast Beef）」の付け合わせ「ヨークシャー・プディング（**York**shire pudding）」、小型犬「ヨークシャー・テリア（**York**shire terrier）」などがあります。ニューヨーク5区の中で最も大きい**クイーンズ（Queens**）は、イングランド王チャールズ2世の王妃キャサリン・オブ・ブラガンザ（Catherine of Braganza）王妃にちなんで名付けられました。

　New England 地方の都市・**ボストン（Boston**）は、イギリスのリンカーンシャー（Lincolnshire）のボストンにちなんで名づけられました。アメリカ建国の地として独立戦争の史跡の数が全米で最も多く、様々な点でアイルランド系アメリカ人の影響を強く受けてアメリカで最もイギリスらしい地と言われています。

　ニュージャージー（**New** Jersey）はイギリス海峡のジャージー島（Jersey）に、ニューハンプシャーはイギリス中南部のハンプシャー州に由来します。"**New**"という表現は、アメリカが「**新しい国**」であることを誇示するという点で正にぴったりの語彙と言えます。

「メリーランド」	Maryland	[méərilænd]
「ボストン」	Boston	[bɔ́(ː)stən]
「ジョージア」	Georgia	[dʒɔ́ːrdʒjə]
「ハリウッド」	Hollywood	[háliwùd]
「クイーンズ」	Queens	[kwíːnz]
「リッチモンド」	Richmond	[rítʃmənd]
「バージニア」	Virginia	[vərdʒínjə]
「ワシントン」	Washington	[wɔ́(ː)ʃiŋtən]
「ニューイングランド」	New England	[n(j)ùː íŋglənd]
「ニューヨーク」	New York	[n(j)ùː jɔ́ːrk]
「ニューハンプシャー」	New Hampshire	[n(j)ùː hǽmpʃər]
「ニュージャージー」	New Jersey	[n(j)ùː dʒə́ːrzi]

＊ New＋イギリスの地名 の場合には第1アクセントは後の単語に付きます。

3) Spanish

　スペインの探検家たちが足跡を残したアメリカの地域では、スペイン語に由来のある地名が存在します。スペイン語由来の単語は、「子音」の後に「母音」が続く日本語の発音に似ているので、日本人にとっては比較的発音しやすいものです。

「カリフォルニア」	California	[kæləfɔ́ːrnjə]
「コロラド」	Colorado	[kàlərǽdou]
「フロリダ」	Florida	[flɔ́(ː)ridə]
「ネバダ」	Nevada	[nəvǽdə]
「ラスベガス」	Las Vegas	[láːs véigəs]
「ロサンゼルス」	Los Angeles	[lɔs ǽndʒələs] → [lɔsǽndʒələs]
「ニューメキシコ」	New Mexico	[n(j)ùː méksikòu]

＊Losの語尾が子音[s]で、次に続く単語Angelesが母音[æ]で始まるために「音の連結」が起こります。LosAngelesと1語になり、[lɔsǽndʒələs]と発音します。省略する場合には、Losの頭文字LとAngelesの頭文字Aをとり、省略の働きをするピリ

オドを使って、"L. A." になります。省略形の場合には強形で発音されるために [èl éi] という発音です。カタカナ読みで表記すると「エル・エイ」に近い音になります。

　「新しい国」アメリカを強調する "New" が付いた表現 "New Mexico" は、スペイン語に由来しますが、この地がメキシコ領からアメリカ領土に変わった際に英語読みになったといわれています。

4) French

　アメリカ北東部の州「バーモント」(**Vermont**) と南部の州「ルイジアナ」(**Louisiana**) は、フランス語に由来します。元フランス領ルイジアナは、フランス王ルイ１４世にちなんで名づけられました。

　「新しい国」アメリカを強調する "**New**" が付いた表現に「ニューオーリンズ」(**New Orleans**) がありますが、フランス語の **Nouvelle Orléans** に由来します。フランスの植民地からアメリカの領土に変わった際に英語読みになったといわれています。フランス文化の影響が強く、ジャズの発祥地でもあります。

「バトン　ルージュ」	**Baton Rouge**	[bǽtn rúːdʒ]
「ルイジアナ」	**Louisiana**	[luː(ː)ìːziǽnə]
「ニューオーリンズ」	**New Orleans**	[n(j)ùː ɔ́ːrliənz]
「バーモント」	**Vermont**	[vəːrmɑ́nt]

(6) 注意すべき英語の国名・地名

　カタカナ語で表す外国の国名や地名はその原語すべてが英語だとは限らないのですが、英語と誤解されて実際の英語での会話で頻繁に使われるものを取り上げます。

「イギリス」　→　England

　「イギリス」は、英語では"England"です。発音は[íŋglənd]で、カタカナ表記にすると「イングランド」に近い音です。"English"や"England"は英語で頻繁に使用する語彙で、実際カタカナ語の「イングランド」も「イギリス」同様多用されています。したがって、カタカナ語の国名の中では比較的誤用が少ない語彙ですが、カタカナ語の「イギリス」がポルトガル語の"Inglez"に由来するということはあまり認識されていないようです。

「ドイツ」　→　Gernamy

　「ドイツ」は英語では"Germany"と言います。発音は[dʒə́ːrməni]で、カタカナ表記にすると「ジャーマニィ」に近い音です。カタカナ語の「ドイツ」は、オランダ語の"Duits"に由来します。誤用の多い語彙で、国名を表す"Germany"と形容詞「ドイツ(語)の」・名詞「ドイツ人」の意味の"German"の区別にも注意が必要です。

「ミュンヘン」　→　Munich

　ドイツ南部の都市「ミュンヘン」は、英語では"Munich"と言います。発音は[mjúːnik]で、カタカナ表記にすると「ミューニク」に近い音になります。

「ウィーン」　→　Vienna

　オーストリアの首都「ウィーン」は、英語では"Vienna"です。[viénə]という発音で、カタカナ表記にすると「ヴィエナ」に近い音です。カタカナ語の「ウィーン」はドイツ語の"Wien"に由来します。

「オランダ」　→　Holland / the Netherlands

　「オランダ」は、英語では"**Holland**"または"**the Netherlands**"と言います。発音はそれぞれ[hɔ́:lənd]と[ðə néðərləndz]で、カタカナ表記にすると、「ホーランド」と「ザ・ネザーランズ」に近い音です。"the＋〜s"ですが、通常単数扱いです。

「ギリシャ」　→　Greece

　「ギリシア」は、英語では"**Greece**"と言います。発音は[grí:s]で、カタカナ表記にすると「グリース」に近い音です。ラテン語(**Latin**)の"**Graecia**"に由来すると言われています。

「ベルギー」　→　Belgium

　ヨーロッパ西部の国「ベルギー」は、英語では"**Belgium**"と言います。発音は[béldʒəm]で、カタカナ表記にすると「ベルジャム」に近い音になります。正式名は"**Kingdom of Belgium**"で、日本語では「ベルギー王国」です。ケルト語に由来すると言われています。

「フィレンツェ」　→　Florence

　「フィレンツェ」は、英語では"**Florence**"で、発音は[flɔ́(:)rəns]になります。カタカナ表記にすると「フロ(ー)レンス」に近い音になります。カタカナ語の「フィレンツェ」はイタリア語の"**Firenze**"に由来します。

「ミラノ」　→　Milan

　イタリアの都市「ミラノ」は、英語では"**Milan**"と言います。[milǽn]という発音で、カタカナ表記にすると「ミラン」に近い音になります。

　カタカナ語の「ミラノ」は、イタリア語の"**Milano**"に由来して、原語の読みを日本語のカタカナ読みにしたものと言われています。

音声による英語コミュニケーション
「使える英語」へのアプローチ ── 英語音声の基礎を学ぶ!

検印省略	2012 年 4 月 5 日　初版第 1 刷発行

著　者　　髙谷　伴江

発行者　　原　　雅久

発行所　　株式会社 朝日出版社
　　　　　〒101-0065　東京都千代田区西神田 3-3-5
　　　　　TEL (03)3263-3321（代表）
　　　　　FAX (03)5226-9599

印刷所　　協友印刷株式会社

乱丁、落丁本はお取り替えいたします
©Tomoe Takaya
ISBN978-4-255-00649-9　C0082　Printed in Japan